紐解き師 星里奏(セリカ)

成功者だけが
知っていた

運命の「紐解(ひもと)き」

ブックマン社

はじめに

はじめまして。紐解き師の星里奏と申します。

私はこれまで、1万5千人以上の方々を、人生の成幸へ導いてきました。
私の「個性運命學」という學問を用いて、おひとりおひとりの人生を、紐解いていきます。

「紐解く」とは、その方が負っている「宿命」を鑑定し、「自分」が何者であるかを知り、どのように生きればより良い人生を送れるか、お伝えすることです。

私がこれまで紐解いてきた依頼人様は、1万5千人以上。
成功する方、失敗する方、さまざまな人生を見てきました。

人は「宿命」を負って生まれてきます。
本来、人は誰であっても生まれながらに成功が約束されています。
ところが多くの人が、宿命に逆らって生きるので、幸福になれないのです。

そして人生には「命」と「数」があります。

「命を知らざるは以って君子たること無きなり」(『論語・堯曰』)と言われます。

人生に悩んでいる人は、まずこの、ご自分の「命」を知りません。
「命」を考えようともせず、知ることもなければ、命を運ぶことはできません。

人にとって、まず自分の「命」を知ることが、もっとも重要なことです。「運命」とは、人による命の運び方であり、持って生まれた宿命を、自分の思い通りに運ぶことです。自分の命を知らず生きることは、人生を棒に振るのと同じことです。

そして「数」は、その人を取り巻くさまざまな"関係"です。
その関係を捉えると「機」となります。誰でも後で振り返ってみて、

「ああすればよかった、この時がチャンスだった」などと、ものごとに機があることは理解できると思います。

「数」は、その時々の状況によって、刻々と変化します。
「数」の働きによる結果によって「命」もまた変化してしまいます。
「命」と「数」に恵まれなければ、いかなる素晴らしい企画や綿密な計画であっても、それを最高の人材が行おうとも、成功はありません。

　たとえば、歴史においては、なぜ、2万を超える圧倒的な軍勢（命）を擁した今川軍が、桶狭間においてわずか3千の織田軍によって壊滅させられたのか？
　なぜ、鳥羽伏見において、諸藩を従え3倍の兵力を擁する旧幕府軍（命）が、わずか三藩の薩長土に負けたのか？
　なぜ、ミッドウェー海戦において圧倒的な艦船数（命）を誇った大日本帝国海軍が、当時まだ貧弱なアメリカ海軍に敗北したのか？
　性能では上回っていたベータ方式（命）が、なぜVHSに完敗したのか？

「命」のみあっても「数」を得なければ、事はならないのです。よって、時々、自らの「命数」を静かに眺めて見る必要があるのです。
　そしてこの「命」と「数」は、人の力によっても動かすことができます。

　織田軍は情報を重視し今川軍の緩みを待って（数）奇襲し、岩倉具視らは偽造した錦旗をかかげることによって（数）朝廷を新政府軍に巻き込み、帝国海軍はその硬直した命令系統の官僚制の弊害（数）で自滅しました。
　VHS方式も、松下幸之助の即断（数）によって市場の大半を占めることに成功しました。

　時に天才は、この「数」を変化させ、「数奇」を作り出すことができます。
　しかし我々凡人にのようなことは難しい。ですからしっかりと「命」と「数」の両方を機敏に捉え、よく行動へ活かさなければなりません。

「個性運命學」では、この「命」を「個性」、「数」を「バイオリズム」として扱います。あなたの「個性」と「バイオリズム」をよく知ることによって、あなた自身が「運命」を創り出していくのです。

いかなる人であっても、「命」と「数」から逃れることはできません。このようなことは、成功者であれば誰でも知っていることです。

私の個性運命學では、この「命」と「数」を知り、ご自分の「運命」を、ご自分で支配していただくことを目的としています。

○「個性」によって自身を理解し、「バイオリズム」で行動の機を知る

自分に与えられた天命を知り、自分の生き方を明確に決める。
バイオリズムを知り、機を測り、その行動を起こす（起こさない）。

このふたつを知ることができれば、成功を手に入れられないはずがありません。

私が「個性運命學」によって、これまで紐解いてきた方々は、政界や経済界、芸能界やプロスポーツ選手など、あらゆるジャンルに及びます。

やはりもっとも多いのは、経営者など企業トップの方々です。ありがたいことに、そういった方々が「星里奏はおもしろいよ」とお仲間に伝えてくださるので、私の紐解きを受けられる方は、ほとんどがどなたかからのご紹介です。

リーダーの方々は9割が男性ですが、一見「占い」とも思えるような私の紐解きを、一流と呼ばれる男性の方々が、真剣に次々と受けてくださることはとても名誉なことだと思います。

まずお伝えしたいのは、「個性運命學」は、占いではありません。

たしかに私の「紐解き」は、一見「占い」の範疇に入るものですが、學問を名乗るからには、鑑定によって、単に「良い、悪い」と、人様の人生を無責任に裁いて終わるものではありません。

古来、先人より伝えられた偉大な占術に、私が長年研究してきたさまざまな要素を取り入れ、実績も蓄積して築き上げた學問で、現状から未来を創造する「方法論」全体をもって「個性運命學」としています。

その創造手法は、これまで、1万5千人以上の方々の鑑定から得た統計と、多くの成功者の成功法則を裏付けとして加えたものです。

「個性運命學」によって、たくさんの方々が人生における成功を手にし、紹介のみで活動してきた私の「紐解き」を、世間の皆様にも広く活用してほしいとの思いが、本書を出版するきっかけとなりました。

閉塞感が漂い、ストレスの多い現代社会を生きる私たちは、成功や幸せをつかむことが、とても困難になっています。むしろ、成功や幸せとはどのようなことかさえわからなくなってしまっているのではないでしょうか。そんな生きづらい現代の方々に、少しでもお役に立てたら──と思うのです。

また、私の鑑定にいらっしゃる"一流"の方々の中にも、世の中に流布する、いわゆる"成功法則"を間違って受け取ってしまっている方の多いことにも驚かされます。
自分らしい成功や幸せを知らずに、本やテレビで言われる「○○しなければならない」という、他人の法則に振り回されていては、自分の命など、わかるわけがありません。
大切なのは、自分にあった成功法則や、自分なりの物語を創っていくことが、幸福へ至る生き方であるのです。

本書は、「運命」を自らの手で動かす方法、考え方の解説からスタートし、私が紐解いてきた成功者の方々、成功できないでいる方々の物語も、事例としてご紹介します。
しかし、人の生き方をそのまま真似してください、ということではありません。なぜなら、ひとりひとりの個性が違い、バイオリズムも異なるのですから、万人に当てはまる法則などというものはありません。

本書中では「個性運命學」のベースとなる「十二神」を解説します。
十二神とは、あなたが自分自身を知る上の基盤となる、あなた自身に宿る神です。
この「神」は、天や地の神様のことではなく、あなたそのもののことです。自分の中の神様を知って、この特性やリズムを生かしていくことが、あなたの「成功」には不可欠なのです。

あなたに宿る神様を最大限に活かしながら、未来を創造していきましょう。

CONTENTS

はじめに ——————————————— 2

第1章　自分の未来を変える「紐解き」

- 現代の帝王学「個性運命學」 ——————— 12
- 宿命、運命、天命の違いとは ——————— 14
- 命と数 ————————————————— 16
- 學問の必要性 ————————————— 18

第2章　個性運命學

- 紐解き ————————————————— 22
- 一流を育てる「紐解き」の力 ——————— 27
- 残りの人生を無駄に生きるか？ —————— 28
- マインドコントロール —————————— 29
- 非科学的 ———————————————— 31
- 5000年のむかしより —————————— 33
- 個性運命學のしくみ —————————— 34

第3章　人生は春夏秋冬

- 人にはバイオリズムがある ———————— 46
- 各季節・春夏秋冬・12の循環 ——————— 47
- 十二神　あなたの神を見つけよう ————— 51

一の神	日の出の神	52
	宝の神	53
二の神	雲の神	54
	虹の神	55

三の神	火の神	56
	日の入りの神	57
四の神	風の神	58
	星の神	59
五の神	海の神	60
	地の神	61
六の神	雪の神	62
	オーロラの神	63

十二神の個性がひと目でわかる早見表 —— 64

第4章 現代人へ

「女性の時代」だから女性が伝える成功法則がある —— 68
都合のいい質問ばかりしないでください —— 69
勝っていくのは要領のいいタイプ —— 71
創造知能プログラム —— 74
絡まった人生の糸を紐解くことで見えてくるもの —— 75
マイナスとマイナスはプラスになる —— 76
悪い時期でもチャレンジする方法はある —— 77

第5章 成幸する男、衰退する男の分岐点

まず、自分を知り人間力を高めよう —— 80
自撮り —— 83
腕を組まない —— 85
真似師 —— 86
聴き上手 —— 87
お金の使い方 —— 88
自分でティーアップ —— 90
レシートを見せる —— 91

がっつかない	92
相手の時間	94
内助の功のウソ	95
柔軟剤の匂い	96
「知らない」ことを知っている	97
短所も武器にしろ	98
即実行！	100
成功法則に溺れない	101
男は痛みに向き合う	102
「PDCA」	104
男の願いごと	105
冬の季節の過ごし方	106

第6章　運命学

占いと學問の違い	110
・シュメルから派生した運命学	111
・西洋占星術について	112
・重力による影響	113
・電磁気力による影響	113
・弱い力、強い力	114
・等差運動	116
・宇宙の果て	119
・陰陽道	120
・四柱	120
・イスラム天文学	122
・シュメル人	123
・人のリズムは「五行」ではなく「六行」	124

第7章　學問との出会い

子ども時代	128

人生初めての占いで「幸せになれません」 — 130
運命を変えた「統計学」との出会い — 131
人の個性は重要なもの、人生には巡りがある — 132
一期一会で目の前の人を応援する — 134
過去に向き合えないなら「紐解き」の意味はない — 135
[回想1] 今から十五年前　初夏　午後十一時、箱根町 — 136
「紐解き師」こそ、人間臭くあれ — 137
共に寄り添う — 138
[回想2] — 140
安岡正篤先生 — 143

第8章　成幸するための神様との付き合い方

「三大神勅」は日本の成幸法則 — 148
「鏡」から「我」をとったら「神」になる — 151
早わかり「伊勢神宮について」 — 152
もっと心を働かせよう — 156

終章

命 — 160
- 日本の神様ご紹介 — 162
- 神社と神宮と大社の違い — 164
- 神社の種類 — 165

十二神の割り出し方 — 166

おわりに — 174

第 1 章

自分の未来を変える「紐解き」

現代の帝王学「個性運命學」

「個性運命學」は、古来、歴史の支配者たちが連綿と継承し続けてきた「帝王学」を、現代のニーズにあわせて応用した學問です。

昨今、巷には「帝王学」があふれています。しかしそれらは多くの場合、経営者などが学ぶリーダー論や、ビジネスや日常生活での処世術を記したもので溢れていて、空々しいばかりです。その本を読んで商売などが上手になると、皆が帝王ばかりになるのでしょうか？

本来の「帝王学」とは、帝王の資格を持った人間のみに開示が許された秘技であるはずです。本物の「帝王学」の起源は、古代の天文学であり、天体の動きに基づいて、天下の運命周期を読み、自分やライバルの特性、バイオリズムを知って権力争奪や戦争に活かすという、現代から見ると極めて"非科学的"なものです。

ところが、その非科学的な中にあっても、紛れもない真実も見られます。

ひとつは、この宇宙のすべての事象は「陰陽」で成り立っているということ。これはいかなる科学者でも否定できないことでしょう。

もうひとつは、人間個人は21世紀に至っても、ちっとも科学的にふるまわないことです。人間とは、いつまでたっても、なんという"非科学的"なことでしょうか？

その理由の説明は簡単で、科学はモノを扱いますが、我々の帝王学は、人心を扱っているからです。

天文や占術によって、運命周期を知り、バイオリズムを読み、詳細な日時や方角を割り出し、戦略を立てられれば「いつ、どこで、何をすればいいのか」を前もって決断できます。この帝王学に精通したものだけが、ライバルや宿敵を滅ぼし、一切を掌中に収め、繁栄を築いてきたことが、歴史上の事実です。

そしてこの秘密の理法を、現代でも世界の政治家やビジネスマンなど、一部のエリートたちが真剣に活用しています。

本来、王や神官、大商人など、統治者しか知ることのできない帝王学を、誰もが触れられるようにしたのが、ご紹介する「個性運命學」です。

この帝王学の起源は、わかっている時代範囲で、今から約5500年前のシュメル文明・中期まで遡ります。詳しくは第6章でお話ししますが、人類最古の文明を築いたシュメル人が、何よりも重視していたのは、宇宙や神、そして「陰と陽」です。

今でも時計などで使われる十二進法や六十進法はシュメル人の発明で、中国の易（六十干支）も、古代メソポタミアが起源とされています。
　また、東洋思想のベースには「五行」がありますが、シュメルは「六行」になっていて、シュメル文明では、人間は誰でもこの六行の陰陽＝「十二の神」の影響下にあり、自由にはなれないとされています。
　「個性運命學」でも、依頼人様の人生を「六行・十二神」によって紐解いていきます。

　数年前、京都のある神社の宝殿を見せていただいた際、陰陽道の古天文歴道資料や星座が書かれた天球儀などが保管されていました。この宝殿は一般公開されておらず通常は入れないのですが、私はとても興味があって、何度か熱心に通ううちに特別に見せていただく機会を得ました。
　そこにあった古文書を読んで、私は「やはりそうだ。ここに六行があったのだ！」と確信しました。
　また、別の版画のようなものに書かれている文字も、けんめいに解読して読んでいくと、それも「六行」を元にした、天文に関する記述でした。

　「五行」で人の人生を紐解くと、不自然な点が多いと気づき、以前から研究していた私は「やはり、もう一行あったのだ。私が費やしてきた紐解きの研究は正しかったのだ」とすべてが腑に落ち、つながった瞬間でした。
　「よくここまでたどり着いたね」と神様が褒めくれているようで、感動と、古人への畏怖で胸が震えました。
　では、なぜもともと「六行」であったものが、「五行」になってしまったのか？　詳しくは後ほど述べますが、秦の始皇帝の「焚書・坑儒」の時代に、「一行」消えてしまったのが原因なのです。消えてしまった理由は歴史の謎ですが、その後の漢代以降、五行説として伝えられていきます。
　しかし學問は、時代とともに変えていかなければならない。足すべき点は勇気を持って足さなければならないと思うのです。
　ですので、私の「個性運命學」では、「五行」ではなく「六行」で紐解いていきます。隠された大事な秘密を見つけたのですから、使わない理由がありません。
　それによって今の時代にふさわしい「帝王学」を、お伝えできるようになりました。

　私の「個性運命學」を使った紐解きは、あらゆる要素を駆使して行いますので、膨大な手法を本書で収めきることができません。しかし少しでも多くの方に「個性運命學」を活用し、成功や幸せを手に入れてほしいと願い、日常的に取り入れられる方法を、できるだけお伝えしていきます。

宿命、運命、天命の違いとは

　私の「紐解き」「個性運命學」の特徴は、個性を生かした運命の変え方です。
　よく「宿命」「運命」「天命」という言い方がありますが、その違いをご存じでしょうか？

> 「易」は「かわる」という意味であり、万物は限りない創造の変化である。
> 創造はひとつの変化であるから「化」とも言う。
> 易、化による自己、人生、社会、宇宙の創造変化は、どうにもならない絶対的な運動であり、これを「命（めい）」という。
> 生命はひとつの命であり、大いなる宇宙の作用である。これが「天命」である。
> 人間には意識、精神という心があるから、生命に立心偏をつけると「性命」という言葉になる。
> 貧乏な家に生まれた、宝くじが当たった、台風や地震にあった、これを運がいいとか悪いとか俗では使うが、それは「宿命」であって、運ではない。宿は「泊まる（やど）、停止する」の意味であり、そこに停滞することである。
> 「運」は「運ぶ」と読む。
> 「運命」とは、命を運ぶこと。すなわち自分で運ぶものである。
> 運命は、人間に与えられた知性、理性、経験によってこれを研究し操作することができる。
> 人が創造に参加することを「造化（ぞうか）」という。
> 造化された運命が、また生命に跳ね返り、そこに思索、反省となり、また易（化）が起こる。
> 目に見えない「運命」と、形となって現れている「生命」の交歓。
> ここにも「陰陽の原理」を見るのである。

　これは、私を帝王学へと導いてくださった師の、そのまた師、本邦陽明学の大家、故・安岡正篤（やすおかまさひろ）先生の解釈です。

　「宿命」とは、もともと生まれ持った生年月日のこと。また、天変地異のように自分の力では変えることができないもので、地震や台風、酷暑や大

雪といったものはどうすることもできません。それに人が遭遇すると、その人の宿命となります。
　よく「宿命」は変えられないものと言われていますが、変えなくても、それを知って、活かせばいいのです。統計学で自分の個性やリズムを知ることによって、利用し活かせるようになるのが「宿命」です。

「運命」とは、環境、努力、考え方、バイオリズムなど、いろいろな自分の営みで変えてゆくものです。ただ「運命を変える」と言っても、自分自身のことや個性、与えられているものを知らなければ、空回りで終わってしまうこともあります。

「天命」とは、あなたが、どのような目的のために、なぜ、ある「宿命」を負って生を受けたのかということで、「天命」を知らなければ、運命を支配することもできません。
　ですから、「宿命」「運命」をどう理解しているか、そして自分の「天命」を知ることが、もっとも重要なことなのです。

命 と 数

　命は、ふだん「いのち」の意味で使いますが、生命のいのちは、命の一部に過ぎません。
　また、「命令」と言えば、絶対に違反できない権威者からの指図を思い浮かべますね。
　生き物が生きていることを、なぜ生命と言うか？　生の字に命という字をわざわざつけて書くかというと、我々の生、生きているということは、これは本人の好むと好まざると、希望するとか否定するとかに拘（かかわ）らない、必然であり、絶対的な真実だからです。
　「私はどうして生まれたのだろう？」などと考えるのは未熟な個人の勝手な空想であって、そんなことを言ってもしょうがない。この世に生まれてきたのは、その人の想念とは関係ない現実であって、先天的、必然的、絶対的、至上のことを表すから、「命」という字を附して、生命と呼ぶのです。
　そして、生きるに心をつけて「性命」と呼び、性命を負って生まれてきた者に「命名」するということを我々はずっと行ってきました。ですから、子供の名前を考える親はしっかりと考えて命名してほしいものです。
　本来、私たちの「いのち」が生かされているのは、必然的に絶対に避けることのできない命を生きるためであり、古くからこれを「天命」と呼びます。
　そして、この天、宇宙や大自然というものを、さまざまな分野からいろいろなアプローチで解明しようとする行為が、學問に他なりません。

　自然科学は、この命という必然で絶対のものを、物の視点から究明していく學問です。そしてこれまで、さまざまな物理法則や化学法則を発見してきました。
　人文科学による哲学は思想や論理展開の法則、宗教は神々への信仰の実証、他にも、商売には経営の原則、医学やスポーツなど、それぞれの立場から天命を追求して、これが「命」である、ということを立てていく。これが「立命」なのです。
　同じように、人間や歴史を研究していけば、やがて必然で絶対、かつ十全に人生を生きる命を立命することができます。

　人は、自分の「命」を知るだけで、完全に生まれ変わります。
　「命」を知る、ただそれだけでも、大きな希望と義務感が発生し、幸福に包まれ、迷いがなくなるでしょう。

また、「命」を知った人間の強さは、計り知れません。これを西洋ではアイデンティティの根拠などとも言いますが、「命」を知る人間は、全身全霊でことに臨み、命を捨てるのさえ厭いませんから、人を恐れなくなり、達成できないことなどなくなるのです。

　私の紐解きでは、まずその「命」を知ることをお手伝いします。「命」を知ることを、「個性」を知ることとしてご紹介していきます。

「命」を知ると言っても、なにか神仏や神秘的な存在を知って、宗教活動に入りなさい、などという意味ではありません。命は、人によってそれぞれ異なるもの。
　各々の命は、今の商売を拡大させることでもいいし、何かを創り上げることや、何かを改善すること、または誰かをバックアップするなど、自分が生涯をかけて取り組む目標を見つける、という意味です。
「命」は一様のものではありません。人の個性は、世界でただひとつ。あなただけに与えられた唯一無二の命があるのです。

學問の必要性

　命を知って、そのために生きることを研究していくと、人間と人間の間、自分と周りの世界の間に、実に複雑怪奇な因果関係があることがわかってきます。
　これを「数」と言います。

　数というのは、この世界に実存するすべてのものの関係性を言います。
　自分の個性（命）を知り、完全な準備を整え、本人がいかなる情熱を持って行動を開始しても、周りの関係する人たちの考え、時代の要請など、自分ひとりではどうにもならない環境との調和ができなければ、成功はありません。

　命の次は、数を測るということ、数を測って行動を起こすことを「機を捉える」と言います。
　商機、勝機、などと言いますね。たとえば、真夏にセーターを売るような勝手な商売をやっても儲かるわけがありませんし、ライバルが絶好調の時に挑んでも勝てるわけがありません。
　政治などでも政機という言葉があります。選挙で勝とうにも、何か法案をごり押ししようにも、うまくいかないのは機を知らないからですね。
　たとえば、ライオンなどの肉食獣は、怪我して弱った動物や子供しか襲いません。草食動物といえど、健康で元気な個体は失敗の可能性があるので襲わないわけです。動物でさえも、機を見ることを知っています。

　古代中国においては、太古「夏」の時代から現代に至るまで、歴代の王朝の支配者たちが秘密にして守り抜いてきた「万象学」という學問があります。万象学は、宇宙のすべての現象を研究し、その法則をつかむため、中国民族が四千年以上かかって築き上げた學問ですが、もともとこの万象学も、古代メソポタミアから発し、大陸を経て伝わった天文学が元となっています。
　歴代の皇帝とその一族は、この學問を門外不出とし、秘密の「帝王学」として独占し続けました。

　この帝王学に精通した者は、自分の命を知り、彼我の運命周期を読み取り、自分の運気が最大限の時、ライバルや宿敵の運気が弱まった時を選んで攻勢に出て、敵を滅ぼしました。現代でも、世界に散らばる華僑の有力者たちは、この帝王学を大切にし、商機や身内の婚姻の機を捉えることに

活用しています。

　数を見て機を捉えなければ、命が立つことはありません。私の紐解きでは、これを「バイオリズム」として扱います。
　あなたは幾つまで生きて、いつ災難にあって、いつ立身出世して、などということは八卦でも観ることができますが、それは宿命を知るのみであって、それは「とどまる」ということ。
　私たちが必要とするのは、なんといっても「運命」を支配することですね。
　運命は数によってどこまでも動いて止まることがありませんが、よく研究していると、いずれそこには法則が見出されます。そこで自然科学と同様に、命と数の法則をつかむと、それに支配されずに、動きを自主的に捉えられるようになります。数をよく読み、命に基づいた自主性を深めていけば、やがて創造性となり、自分で自分の機を知り、命を運ぶことができるようになります。つまり、宿命が運命に転ずるのです。

　私たちの命を運命に昇華するか、宿命のまま引きずられて生きるか、それはその人の學問や修行次第なのです。
　人間は學問や修行をしないと、獣のような存在、機械のような存在でしかなく、宿命に沿って生きるしかありません。
　その代わり、がんばって學問や修行をすると、自分で自分の運命を創造していくことができます。いわゆる知命、立命を行えるわけですが、私の紐解きによってその命と数を知り、それにさまざまな材料を駆使して創造性へと高めてゆく學問が、「個性運命學」なのです。

　人は、自分をどうとでも変えることができます。
　このことを「化身」と言います。
　物質がどのような構造で何と反応するかを研究して、文明へ応用するのが化学ですが、現代社会では物質化学ばかりが優先されて、人間化学ということがないがしろにされすぎています。

　天命を知り、命を生きるために、自分がどのように振る舞えばいいか知ることが、人生を歩む上でもっとも重要なことであるのです。

第 2 章

個性運命學

紐解き

　数年前、ある人気スポーツ競技のプロチームを紐解きました。
　紹介者を通じてオーナー様から依頼があり、紐解き面談は監督のFさんをはじめ、各関係者へ合計10回行いました。そして、最初に紐解いてから2シーズン目に優勝することができました。

　まず、チームを紐解いてみると、全体の運気は悪くないはずなのに「今年も来年も、再来年も優勝はできない」との結果が出ました。
　これまでの占いであれば、「優勝できません」。ここで終わり。

　そもそも、占いを当たるとか外れたとか捉えるのは、鑑定結果を「良い結果」「悪い結果」の二者択一で聞くからです。このようなものは、事前の情報がまったくないとして、2つから選んで当たる確率は当たり前ですが常に50％ですから、2回に1回当たるのなら、なんとなくよく当たる占い師のような気がしちゃいますよね。
　しかし、占術とはもともと、そのようなものではありません。紐解きでは結果を「良い」「悪い」などと捉えるのではなく、なぜ「優勝できない」と占われたのか、その原因を探って、関係者のバイオリズムも探って、考えて改善して、100％勝つように持っていく。それが古来伝わる帝王の占術です。

　そこで、次に各選手、F監督本人、オーナーやチームスタッフ全員、他チームなどを紐解いてみると、優勝できない原因は、なんと監督自身にあり、この先、F監督が個人的に運気低迷の時期に入ろうとしているからでした。

　F監督に初めてお会いする日。監督は気性が激しく、かなり怖い方だと聞かされました。しかし、まだ若手だった私は「なんでも来い！」という自信に満ち溢れていました。
　ドアを開けると、そこには"その筋"の人にしか見えない「只者ではないオーラ」を漂わせた男性が座っている。「なんでも来い！」などといいつつ、実は小心者の私はビビりまくっていました。
　ギロリとこちらを見たF監督は、開口一番、
「優勝するためにはなんでもやると言ったけど、まさか"占い"だとは思わなかったよ」

その年、Fさんは監督就任2年目。昨シーズンの成績は振るわず、今シーズンも開幕から低迷し、優勝争いはとうてい無理だろうと言われていました。
「へぇ、あなたが先生ですか？」という彼の言葉に、私は内心「あー、また出たぁ、なめられとるところからスタートするパターン…」と思いつつ、紐解きがスタート。

　私はスポーツに関してほとんど知識がないのですが、依頼人様の職業が事前にわかっている場合は、それに関する予習はある程度しておきます。そのほうが紐解きがスムーズに展開でき、時間の節約にもなりますから。また、そういった特別な世界の方々と個別に出会えるのも、この仕事の魅力。予備知識もなく対面するのは失礼ですよね。
　ところが、2度目の面会の時には、F監督も気を許してくれたのか、業界の体質全体への愚痴が始まり、私のにわかづくりの知識など、ほとんど役に立ちませんでした。

「僕はさ、今のチームで、選手としてプレーしたことがないんだよね」
　私はキョトンとして聞いていました。今、目の前に座っているF監督は、歳を重ねて貫禄がついたとは言え、現役時代はスター選手として人気を集めてきたプロ中のプロだ。それが現役時代とチームが異なるからって、なんなの？　と。
　監督は続ける。
「僕は現役時代、移籍が多かったんですよ。でも今、監督をやってるチームに選手として在籍したことはない。つまり生え抜きじゃないってこと。この世界にはOB会ってもんがあってね。さらにその中にチームごとのOB会があるの。このOBの連中ってのが、実にうるさい。『なんで生え抜きじゃないFを監督にするんだ』から始まって、1年目の不振で『それみたことか。Fはもう辞めるべきだ。彼が監督をしていても優勝できない』とくる」

　OB会は、選手獲得からレギュラー選別、コーチ陣の人事や練習方法に至るまで、チームの運営方針に多大な影響力を持つらしい。
「次はフロント、近頃じゃファン投票とかさ。スター選手ばかり揃えてチームなんて成り立たないよ。だからね、監督といってもなんの権限もないの。こんなことは選手時代からわかっていたから、だから一昨年のオフに要請が来たとき、最初は嫌だと言ったんだ。だけど『まさにチームのそういう体質をFさんの力で変えてください。変わるまで3年待ちます。フロントをあげて協力します』なんて頼んでくるから、まんまと乗っちゃっ

第2章　個性運命学　　023

てさ。そこまで言うなら、と引き受けたものを、1年でこの始末だよ。やっぱり引き受けるんじゃなかったなぁ」

　私は予習したつもりで、まったく思いもしなかった業界の内情を知らされ、多少当惑しましたが、話をうかがうにつれ、プロスポーツチームというものは、一般の企業や団体の組織と、なんら変わらないということに気づきました。

　企業など、大勢の人が集まった組織の、経営と現場とのギャップや、外部の口出し、派閥や人事による予算や権限の奪い合いなど、どこにでも見られる集団のしがらみが、スポーツチームという形に濃縮されて、縮図となって、結果が出るのも素早い、ということ。となれば、対処方法もある。

「いまどきの監督なんてのは、選手と同じで視聴者からよく見えるところにいるから、陳列商品の一部なんですよ。だから、軽い、明るい、よく目立つ、がいちばん大事。うまくゴマをするとか、よく喋るとか、キャラね。フロントもOBも、どいつもこいつも何がしたいんだか。僕は勝ちたいだけなんだよ。選手にしっかりと勝つ方法を教えたいだけなんだけどな。そういう古いタイプは煙たがられる。今は能力より要領のいいタイプ、処世術の時代だね」

　現在の時代である「帰蔵易（きぞうえき）：女性の時代（68ページ参照）」の本質を、直感でよく理解している。F監督のような、熱い"まっとう"なタイプは、今は生き難い時代なのだ。

　紐解きによると、Fさんは1年前の「結集期」の年に監督に就任していて、タイミング的にはベストだった。そして現在は「城」の年。だがそのあと懸念されたのは、来年から「空期」そして数年間の「冬の季節」を迎えることだった。それがチームの優勝争いに参加できない原因を作っている。監督の熱い思いとは裏腹に、なんとも皮肉な話だ。

　誰にとっても、人生においては好調の時や不遇の時といった命数の循環がある。私の「個性運命學」では、これを四季にたとえて依頼人様へ伝えるようにしている。期待が膨らむ春や、活力溢れる夏、大きな結果や報酬を得られる秋などがそうだ。

　夏や秋は、余計なことを考えなくても勢いだけでうまくいくことが多い。それに対して冬は、新しいことを始めるには不向きな季節なのである。また、自分にとって向き合うのが辛いことや、予期せぬ展開、不幸や災難など、試練が訪れるのも冬に多い。いずれ冬は巡ってくるので誰であれ避けることはできない。しかしこの試練だけが人を成長させるのであって、翌春への計画や準備、勉強などを欠かすべきではない。じっと静かに、自

分への投資を行うには、最適な季節なのだ。
　そして「冬の季節」であっても、行動できる対策方法を持っているのが、私の「個性運命學」の強み。本人が冬であっても、仲間の誰かが良い季節であれば、その人を主役に立てて、後をついていくことで、うまく過ごすことが可能なのだ。

　幸い、F監督のチームの場合、あるコーチと選手数名が夏や秋の季節を迎えていた。彼らを主役としてチームの行動を決めていけば、うまく勝利を重ねていけそうだった。翌年の優勝の確率は、今年のその行動次第で決まるという鑑定。さらに、他のチームとの相性などさまざまな角度から診断したところ、やはり「来年、再来年の優勝」は可能と私は確信した。

　一見、豪放にふるまっていても、丁寧にたくさんメモを取る姿、細かく真剣に聞く態度に、彼の謙虚さや器の大きさ、決断と覚悟を感じ、また、時に話が逸れていくところも、彼の個性をよく表していた。
　印象的だったのは、スポーツの世界では験担ぎをする方が多いという話。いつも左足のソックスから履くこと、試合の日は生卵を食べること、現地までのコース、時間も決めていることなど…。やはり、「素直な方は験を担ぐ」。

　冬の季節を迎えるF監督本人が今行うべきことは、なによりも自らのスキルアップ。そこで、F監督に面談する前に勉強していて知った、次の言葉をお伝えした。
「リーダーが変われば組織が変わる。組織はリーダーの力量以上に伸びない。監督が成長しなければチームは絶対に成長しない」
　スポーツに詳しくなかった私でさえ尊敬する、ある名監督の言だ。
　そして助言したのは、
「これまでやっていなくても、これからやっていただきたいことは、リーダーとは何かということを意識してもらいたいのです。私が経営者の皆様にいつも言っているのは、指導者は、社員からの信頼を得るのがもっとも重要な仕事、ということです。ですから、組織をまとめる監督としていちばん大切なことは、選手から"信頼"を得て、選手を"信用"することです。選手から信頼を得るには、作戦や方法論、技術論だけではダメで、一般の社会常識や哲学、はては宗教に至るまで、人間としての勉強、スポーツ人としてよりもまず人生の先輩として、常に選手より一歩先を行かないと、話を聞いてもらえない、信頼されないのです。ちょっといい話や、ユーモア、格言などを使うと選手に響きます。聞き飽きた技術用語だけ使っていても、選手は感動もしないし、聞こうともしないでしょ。だから、監督の

いちばんの仕事は、日々勉強です」。
　選手の信頼を得た上で作戦を与え、あとは選手を信用して勝手にやらせておけば、プロである彼らは最大限に能力を発揮して、結果はついてくるだろう。監督は背後に控えて、いざという時だけ出ていけばいい。そういう監督がかっこいい。プロはそんなに甘いものじゃない、と言われるかもしれないが、その基本の土台さえできていなければ、その上に何かを構築することなど不可能だ。

　監督を阻害するチーム内のさまざまな要因は、"監督という地位"にとっては「数」で、Fさんが監督に就任したことは「命」だが、実はこの場合の大切な「命数」は、そこではない。
　しょせんは結果がすべての勝負の世界。結果の前には、ファンはもちろん、OB会であれフロントであれ、批判の正当性を失って矛を収めるほかなくなる。
　チームにとっての「命」は、結果を出すことであり、ライバルチームが「数」であるのだ。だから、上から横からのプレッシャーは、今は我慢の時。

「なるほどなー、理想だなぁ。けど、僕は勉強のほうは苦手で…。今から間に合いますかね、哲学や宗教だなんて、これまで考えたこともないよ。なにか良い本でも紹介してもらえません？　しかし、必要なのは、人間としての勉強か…」
「それが、帝王学なのですよ」

　F監督の個性は「雲の神」。本来、愛に溢れた世話好きで、とてもデリケートな心の持ち主です。そして聡明で研究熱心。ですから勉強もきっとうまくいきます。
　依頼人様の個性を紐解きながら、私自身も「勝ちにこだわる帝王学」をリアルに確認させていただいた時間でした。
　その後、頻繁に紐解きにいらっしゃるようになり、翌年、そのチームは見事に優勝しました。もちろんその次の年も。

一流を育てる「紐解き」の力

　私はこれまで、1万5千人以上の依頼人の方々と向き合ってきました。その実績をふまえて断言できることは、「さまざまなジャンルのナンバーワンを育ててきている」ということ。
　私のところには、本当にいろいろな職種の方々がいらっしゃいます。経営者はもちろん、政治家、芸能関係者、スポーツ関係者、高級クラブのママなど、聞けばびっくりするような方もいて、本当に多種多様です。
　でも、業界や分野を問わずに活用できるのが「紐解き」の便利さ。その人の個性に合わせた戦略が立てられ、最初に自分の個性やバイオリズムと向き合えば、その後も自分で具体的な計画が立てられるようになり、目的の達成や実現に近づくことができます。

　誤解を恐れずに言えば、自分の個性による「命」を実践する人というのは、世間の常識や道徳観念を打ち壊し、関係者を戸惑わせることがあります。どのような業界であっても、ナンバーワンとなって、突き抜けて新しい世界を切り開く、というのはそのようなものです。
　もちろん違法行為や多くの人に迷惑をかけるようなことは、私はお手伝いできませんが、競争というのは、勝者が出ると敗者が出るもの。そしてその冷厳な結果が社会発展を促すのであって、動いて止まぬ命に、安定はありません。
　いかなる社会通念や道徳、法律でさえも人が作ったものです。歴史においては、それは常に誰かにとって恣意的なものであり、世界史は天命による社会改革者と、既存勢力の闘いの過程といっていいでしょう。改革者にとって、天より与えられた命は、人の作る法や世間の道徳観念よりも上位に位置する概念。その闘争を戦い、生き残った人だけが、ナンバーワンと呼ばれるのです。

　これはどんな業界のナンバーワンにも共通していることですが、やはり成功する皆さんは、素直で行動が早いです。言われたことを疑わずに、言われたとおりにやってみる。そこに自分の知ったかぶりの解釈を持ち込まないのです。そういう方だと、私もお付き合いさせていただいて光栄ですし、やりがいも感じますね。
　もし、あなたが何かのナンバーワンを目指しているなら、ぜひ一度私の「紐解き」を受けてみてください。

残りの人生を無駄に生きるか？

「冬の季節の過ごし方」を誤ることは、もっとも恐ろしい結果を招きます。

私の個性運命學では、人生において運気が低迷する一定の期間を「冬の季節」と名づけています。それは3ヶ年であったり、3ヶ月、3日間、そしてその季節の訪れるタイミングや期間の長さも人それぞれで異なります。

人生においては、誰でも運気の上がり下がりがあり、そして冬の季節は定期的に巡ってきますが、それでも人は経験を重ねて、歳をとるごとに過去の自分よりもいくぶんか成長していくものですよね。

ところが、若い頃は活躍していたのに、歳をとって落ちぶれて、やがて消えていく人って実際にいます。また逆に、若いときパッとしなかったのに、晩年になって高い社会的地位に就く人もいます。

両者の違いは、やはり「冬の季節」に、なにを選択したか。

50ページの図表をご覧ください。

運気が低迷する冬の季節、何か新しいことを始めるには適しません。しかしこれは前向きな見方をすると、他人の邪魔が入らない静寂が訪れるということで、自分のスキルアップや、人生を見直す、またとない機会です。このとき本人がどういう行動の選択を行うかで、その後の人生の、すべてのバイオリズムの角度が、右肩上がりにもなり、逆に右肩下がりにもなるのです。

個性運命學ではこれを「成長周期の人生」「衰退周期の人生」と呼んでいます。

冬の期間中にも、少しだけ運気が上昇したり下降したりと、小さな変動があります。冬で落ち込んでいる最中、ちょっと運気が上昇したからといって「バイオリズムが回復した、このまま行こう」などと油断してはいけません。ちょっと小春日和でも、冬は冬。その季節の行動を間違えると、思いもかけず衰退周期へ入ってしまい、その後の人生を台無しにしてしまいますから、とても恐ろしいことなのです。

誰でも必ず、またやがて冬の季節が巡ってきます。そのとき、バイオリズム全体を以前より落としてしまわないよう、冬の季節は焦らず、安易な誘いにも乗らず、とにかく勉強する、自分の個性をより明確に捉え、高めることが、角度を右肩上がりにするために、絶対に必要なのですね。

マインドコントロール

運試しやスピリチュアルな話って、本当は好きな人多いですよね。
好きというほどではなくとも、まったく気にしない人って、ほとんどいないと思います。
でなければ、願掛けや個人の法要、墓参りや季節的な行事なんてしませんよね。人間は器械ではないから、仲間がほしくて、ぬいぐるみを擬人化したり、木や石を刻んでありがたい象徴にしたりもします。

けれど、新興宗教や自己啓発セミナー、占いも、一部の人になぜ徹底的に嫌われるかというと、洗脳やマインドコントロールにあって、いい様に操られるとか、先祖の霊が苦しんでいるなどと恐怖を煽られ、50万円する数珠とか、200万円の壺とか、高額なものを買わされたという話をよく聞くからですね。
または、出家を促され全財産を寄付させられたとか、芸能人やスポーツ選手が依存症にかかって戻ってこない話題、とか。
「苦しみの元は煩悩だ、今の生活を守ろうとするから苦しむのだ、煩悩を解き放てば、苦しみも消える、さぁ、財産をすべて喜捨しなさい。うちに」とか（笑）。

けれども世間では、それが社会的に害のない程度であれば黙認しています。高野山へ行けば250万円の灯籠が売られていて、強制こそされませんが、大変なご利益がありますくらいの説明はされますし、ある宗派はお布施が大変高額なので有名です。

そもそも、世の中で教育とか教化とされているものは、すべてある種の洗脳です。どのような数式であれ科学的説明であれ、利便性のためにどこかの誰かが決めたものです。近代化された世の中では、労働者も読み書きソロバン程度は最低限必要なので、それは皆が学ぶべきと推奨されていますが、だからといってそれ以上のことは推奨されません。
日本は特に「由らしむべし、知らしむべからず」で、そこで真実を知って目からウロコが落ちたとか、新しい視点で感動があったなどは、洗脳を受けた結果以外の何ものでもなく、実は人は洗脳がとても大好きなのですね。

問題は、その洗脳やマインドコントロールが、誰か一部の者が利益を得るために操作されている場合です。ときには自由の束縛や肉体的苦痛と

セットで行われる場合もありますが、変な宗教ばかりではなく、刑務所などもそういう機能の施設です。

　洗脳やマインドコントロールという用語が多用され、「怖い強制」という意味ばかりがすっかり定着していますが、本来それだけの意味ではありません。
　人が何かを成し遂げようとする場合、または乱れた生活習慣などを改善しようという場合、他人がかけるにせよ自分でやるにせよ、マインドコントロールは必ず必要です。それがなければ「自主性」が発生するわけがありません。精神分析療法など、マインドコントロール（またはそれを解く）の最たるものです。

　私たち個性運命學でも、ある程度の教化やマインドコントロールを行います。
　紐解きによって明らかにされたあなた自身が、なにか嫌なことがあって改善が必要な場合、新しいことを知って考え方を変化させる場合、勇気を持って一歩踏み出したい場合、そういうことはやります。鑑定料と、勉強会へ参加する人の講習料は明朗会計で頂きますが、壺や灯籠は売っていませんのでご安心ください（笑）。
　「命」を知るのが大事といっても、宗教ではないのでどこかへ帰依しろということでもありません。除霊もできませんし、喜捨も受け付けていません。

非科学的

　地球をテクノロジーが覆うこの時代、ナノ技術の進展やAI革命を経て、さらなる高度な文明へ移行しようとする現代において、世間からは「非科学的」と簡単に片付けられてしまう私たち鑑定師が、なにゆえ多くの方々から、とくに、多くの成功者の方々から必要とされているのでしょう？

　「科学的」の対義は、「非科学的、神秘的、オカルト的」とでも言うのでしょうか。
　では、最先端の科学の世界ではどうでしょう？
　神経科学、理論物理学、宇宙物理学、量子力学など、世界最高峰の知識によって、何が研究されているのか。

　私たちが"自分"がいると信じる自意識が大脳内で生まれるメカニズムの解明や、宇宙は、Uni(単一)verseではなく、Multi(たくさん)verseである多元宇宙論、今目の前に十五次元まで存在する並行宇宙論、泡宇宙論、宇宙誕生から現在までの時間、光のスピードで進んでも届かない事象の地平線、素粒子がニュートン力学を無視して瞬時に別の場所へ移動したり、同じひとつの物体が同時に数カ所で存在したり、ミクロの世界では古典力学が通用しないので新しい理論が必要だとか…。

　近頃、NASAを中心とした国際共同研究チームで解明が始まった、観測できない未知の暗黒物質（ダークマター、ダークエネルギー）は、宇宙の全質量の約95％を占めていて、私たちがよく知っている原子は5％程度しかない、などということが観測されてきました。わかっているつもりでいて、実に95％以上の私たちの知らないものが、世界を取り巻いているのです。

> 　自分は「体内器官が作り出した幻想」であったり、
> 　すぐそこに「別の宇宙」があったり、
> 　決して知ることのできない宇宙の先があったり、
> 　素粒子という物質がワープしたり、
> 　同じひとつの素粒子が同時にあっちやこっちにあったり、
> 　私と同じ人間が、複数の並行する世界で、それぞれ存在している、
> 　と、予言されるとか…。

　これらの最新科学の本を読んでいると、ヘタなトンデモ本よりも、よほどオカルト的な、よほど神秘的な話で満載です。

ただしそれらは、今は解っていないから不思議に見えるだけで、いつの日か、さらに科学が進歩して科学的説明が可能となれば、不思議でもなんでもないことになるかもしれません。けれどそのときは、歴史で繰り返されているように、非科学的と対比される今の"科学的"そのもののパラダイムが、大きな変更を強いられることとなるでしょう。

　そしてすべてが科学的に解明されて再現可能となった時、私たちは人工のロボットとどう異なるのでしょう？　宇宙は箱庭のようなものでしょうか？　それは誰によって作られたのでしょうか？　英国の科学者が頑なに主張するように、ガラクタが寄せ集まってシャッフルされて偶然できたとでもいうのでしょうか？　それならまだ、絶対者の存在を求めるほうが常識的ではないでしょうか。と、話は堂々巡りになってしまいますね。

＊リチャード・ドーキンス[進化生物学者]

　人類の文明生活を転換させる歴史的に新しい科学の発見は、つねに天才たちのひらめき＝スピリチュアルな発想から生まれてきたと言えます。

　コペルニクスの地動説は神への冒瀆とされ、エジソンは学校もまともに出ていません。アインシュタインの相対性理論の時空が伸び縮みするなど、いまだに理解できない人が大半です。

　天才数学者シュリニヴァーサ・ラマヌジャンの公式や、フランシス・クリックのDNA二重らせん構造の発見は、研究室からではなく、瞑想状態によって生まれたことが知られています。近年では、スティーブ・ジョブズが元ニューエイジで、参禅を日課にしていたのは有名な話ですね。

　前人未到の道を突き進む最先端の科学者や発明家ほど、宗教やスピリチュアルな世界に親しむ人は多いですが、彼らを「非科学的」と呼ぶ人はいないでしょう。

　アポロ計画に参加した宇宙飛行士は、宇宙空間でのあまりの神秘体験に、その後の人生が変わってしまった人が多いそうです。牧師になった人、うつ病に悩まされた人、宗教に熱心になった人…。

　月面に降り立った宇宙飛行士が、ふと見上げると、空にぽっかり青い天体が浮かんでいる。ほんの指先で隠れてしまう、あの愛おしいほどちっぽけな星で、60億の人生のドラマが展開している。

　彼らは月へ行って、地球を発見したのです。

　私たちも、いつか自分を発見する日が来るでしょうか？

5000年のむかしより

　未知の事象に挑戦するとき、現代の理論物理学者たちも、数千年前の賢人たちと変わらぬ方法で始めます。まず「こうではないか？」という仮説を立てるところから。

　古代メソポタミアやエジプト、インドや中国では、人生を含む森羅万象に対してさまざまな「こうではないか？」という仮説が立てられ、研究がなされました。それらはやがて、天文学となり、宗教となり、哲学となり、東洋思想となり、帝王学となり、神話となって、その時代の人々の役に立ってきました。

　現代では、仮説を数式で理論化し、さらに実験や観測によって予言を証明、自然科学そのものとなりますが、テクノロジーによる実験が不可能な時代の仮説は、現代から見ると真理とは呼べず、迷信の類かもしれません。その代わりそれらの「迷信」は、数千年の「時」という経験によって洗われ、役に立たないものは消え去り、有用なものは伝えられ、実証主義となり、人文科学や心理学といった分野となって現代へ続いています。

　幸福な人生のためには、科学によって解明された物の法則を知ることは大変有用ですが、人々が本当に知りたいのは自分の「命」と「数」であって、それはむかしも今も、そして未来も変わることはないでしょう。

　我々を取り巻く未知の暗黒を埋めるため、先人の経験や智慧は、まだまだ私たちにとって必要とされているのです。

　まして、独立不羈を行く経営者、スポーツ選手、アーティストの方々にとって、精神の拠り所として、拠って立つ基盤として、伝統的な教えはなくてはならないものなのです。

　ということで、私は別に科学を拒否しているわけではないのです。それどころか、素人ですが私は科学的なことが大好きで、あらゆるものごとのしくみに興味があるのです。新しい物好きで、iPhoneとか家電とか、常に最新ですしね（笑）。

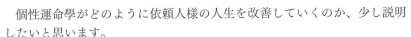

個性運命學のしくみ

　個性運命學がどのように依頼人様の人生を改善していくのか、少し説明したいと思います。
　紐解きによる鑑定は、依頼人様の現在の状態や要望によって、次のような深度に応じて行います。

1　依頼人様の生年月日による個性（神）の特定・
　　現在からこの先のバイオリズムの判定

2　具体的要望
　　①仕事や商売に関するもの→行動のタイミング、吉日や凶兆の判断
　　②恋愛や人間関係におけるもの→吉日や相手等の紐解き

3　更なる飛躍など　紐解きによる過去の診断、自己の認識

4　統計学、帝王学による自己マインドの改善
　　個性運命學によるセミナー、およびコーチング

5　個性運命學の生涯修養

1 依頼人様の生年月日による個性（神）の特定・現在からこの先のバイオリズムの判定

　私が行う紐解きは占術ですが、個性運命學が占いではない、というのは、個性運命學が重視するのは、何かが「当たる、当たらない」ではなく、その人が、何が「できる、できない」や、それが「今なのか、もっと先なのか」個性を活用し運命を創造し運命を掴む學問から紐解くからです。

　生年月日を使って鑑定を行う占いは、推命学や占星術など数多くあります。個性運命學も、生年月日は最初の紐解きの手がかりですが、我々が一般の占いと異なるのは、その人の命（めい）や、卜（ぼく）など、鑑定内容の結果をただ単にお伝えするだけではなく、それがこの先どのように改善され得るのか、行動を起こす（起こさない）タイミングや時期も、依頼人様と一緒に決めていく、というところに特徴があります。

占術を用いて、ある鑑定結果が出るのは、依頼人様のこれまで生きてきた過去や、現在の考え方などが強く作用しているからに他なりません。
　私の元へいらっしゃる依頼人様は半数以上がそれなりの社会的成功者ですが、初心に抱いていた命を忘れていないか、道から外れて余計なことをしていないか、または命を未だ知らない方もいらっしゃいますし、機を測ることがあてずっぽうで、これまでたまたまうまくいってきたが、バイオリズムが低下するとすぐにダメになってしまい、その理由がわかっていない方など、さまざまです。
　それらを考えるために、占術から鑑定した依頼人様の現在の立ち位置を、さまざまな統計やパターンを駆使して改善していく、独自のプログラムである「創造知能」を導入して、考え方、気づきで、依頼人様を変えていく。その総合学が、私たちの個性運命學なのです。

2 ｜ 具体的要望

① 仕事や商売に関するもの
→行動のタイミング、吉日や凶兆の判断

　占いは、結果を聞いて、料金を払って、おしまい。当たらなければもう行かないし、当たったら、次もまた行くかもしれません。
　個性運命學は、そのようなものではありません。
　当たり、という言葉を使うなら、「当たらなければ、当たるまでやる」。
　その結果へ至った行動の何が間違っていたのか？　本人のどのような性質がうまくいかない原因を作ったのか。それらをさらに紐解いて、次のチャレンジへの準備を整えます。
　それって、占いとしては、ずるいんじゃない？　という声も聞こえてきそうですが、そうです、個性運命學は占いではないのですから。

　成功者の特徴のひとつに「成功というのは、成功するまでやること。失敗というのは、途中でやめること」という松下幸之助の言葉もあるように、成功者というのは、徹底的にしつこいのです。
　しかしだからといって、闇雲にアタックするだけでは、色々と徒労です。
　一度失敗したら、敗因をよく熟慮する。同じ轍は踏まない。仕事というのは相手があることなので、相手の立場やバイオリズムもよく研究し、タイミングを決めて、行動する日時を決める。

主観的に考えるのではなく、紐解きながら、客観的に考察していくのです。

② 恋愛や人間関係におけるもの
→吉日や相手等の紐解き

これも①の仕事の場合と対処の構造は同じです。しかし紐解く内容は、よりパーソナルな内容になってきますね。

仕事や商売というのは、その商材やサービスが顧客にとって満足できるものであれば、取引相手の人格まではあまり考慮しなくていいのかもしれません。しかし恋愛や結婚、生涯付き合うことになる家族などは、相手の個性や性格も重要となってきますね。

そこで、自分ばかりでなく、その相手の個性も紐解いてみると、そもそも自分と相性が良いのか悪いのかわかりますし、それでも付き合う必要があるなら、相手を知ることで柔軟な対応も可能となってきます。

そういった人間関係がすぐに改善可能な内容であれば、対策をお伝えできますが、当人の人間性により深く関わることとなると、その人の人生の過去に遡ってさらに紐解くことが必要になってきます。なにしろ今の自分は、過去に取った行動でできあがっていますから。

過去を紐解いた上で、自分に問題があるのならば、人格改造から行う必要があるかもしれません。

3 更なる飛躍など
紐解きによる過去の診断、自己の認識

陽気な人、暗い人、立ち居振る舞いが素敵な人、そうでもない人、器用な人、不器用な人、他人の特徴というのは、はっきり見えるものです。それにくらべて、自分のことはとてもわかりにくい。自分の顔を直接自分の肉眼で見た人はおそらくいないはずですが、それよりも、自分に好ましくないことは、受け入れるのを無意識に拒否する、ということのほうが大きいかもしれません。

フロイトの「自我はそれ自体、意識されない」は有名な言葉です。

「意識は、『自己』の都合の悪い部分を、無意識へと抑圧し、自分にとって都合のいい部分しか自分として認識しないようにできている。この抑圧を行う構造を『自我』と呼ぶ。自我による抑圧は本人でさえも気づくことがなく、自我によって無意識へしまい込まれた不要な自己の部分は、意識が覚醒している昼間は決して自意識へ現れることはない」

自分に嫌なことを自分が知らないふりをするのではなく、本当に知らない。たしかに経験の記憶はあるのだが、それとこれとが結びつかない。ここが無意識のもっとも怖いところで、フロイトの論はもう少し複雑な説明ですが、長くなるので省略します。
　自己規定とは常にこのようなものであり、これが行動の前提となるアイデンティティを成立させるのですが、自我の主な役割は、このアイデンティティの防衛にあります。防衛部隊が決死で隠そうとしているのだから、自分で自分を知ることがいかに難しいかの説明でもありますね。
　さらに人は、時間を空間的にしか捉えられず、時間は逆流することなく一方向へ流れる流れとしか認識できない。この時間の概念が、未来を知ることは不可能だ、と諦める所以です。

　個性運命學は、あなたの自己を紐解きます。その時あなたは、自我が過去に抑圧している自分の、弱く、汚く、おぞましい、見たくもないものを見てしまうことがあるでしょう。
　更に、そういったあなたの、この先の人生のバイオリズムも鑑定します。未来の時間であなたを待ち受けている、辛く、腹立たしく、やりきれない、避けて通りたいシーンもあるでしょう。
　こういったことは、なかなか受け入れられないかもしれません。
　けれども、それが本当の自分であり、これらの痛みを克服することによってしか、人格の改善もなければ、未来への成功もあり得ないのです。

4　統計学、帝王学による自己マインドの改善
個性運命學によるセミナー、およびコーチング

「統計学」「帝王学」には、さまざまな教えがあります。ここですべてを紹介するのは不可能ですが、創造知能プログラムによるコンテンツを3つ4つ、例としてお話したいと思います。

○　我とは何か

「命」ということを補足したいと思います。
　人生を正しく生きるための、なにが「命」に値するか。それにはまず「我」を理解しなければなりません。

「我（われ）」ここにある。間違いなくそれを認識できますよね。我、「意識」といってもいいかもしれません。我ありと意識する認識主体はどこにあるの

か？
　もちろん肉体があっての意識ですから、これは脳内で発生すると研究、メカニズムを解明するのが神経科学の見地です。しかしそれはどこまでいっても肉体的、物質的な考察でしかなく、よりよく生きるために私たちが期待する答えは得られそうにもありません。

　もっと精神的にいうと、「我」とは、その人の「欲」そのもののことであるのです。
　出世欲の強い人は人柄よりも肩書きにしか価値を感じないでしょうし、肥満の人は食って寝ること以外の欲望は受け入れないでしょう。我とは、その人の欲求そのものが擬人化された事象です。これは「我」があって「欲」が発生するのではないの？　と、主客が逆のようですが、その通り逆で、さまざまな「欲望」が集まって「我」となっているのです。それを自分に認識させないのも欲望のひとつなので、わかり難い構造になっているのです。
　その点、世界中の宗教で見られる「輪廻転生」という考えでは、現世で豚のような欲望に生きた人は、その「我」が豚にぴったりな実相を生み出し、来世は豚に生まれて生きるしかない、ということを表現しています。

　「我欲」などという言い方がありますが、これは同じ意味を重ねているだけで、禅などでは、欲を捨てる、我をなくす、などと説いていますが、我々凡愚はそのような困難なことから始める必要もないのです。いきなりそれだと挫折しちゃいかねませんよね。
　欲を個人一人においてよく見ると、瑣末なものから壮大なものまでさまざまありますが、これはそれぞれの欲が独立してあるのではなく、ひとつの体系の一部分ですから、ある欲望に価値があるかないかは、その発露の仕方ということかもしれません。
　ですから、自分の欲望の体系の中から、もっとも広大で、気宇に志の高いものを探し出してきて、自分の至上の欲望として立ててはいかがでしょうか？
　誰だって、お金がほしいとか女と寝たいとか美味いものが食いたいとか思いつつも、その他、世界の平和とか、人のためになれたら、という、功名心つきでもいいですが、あるでしょ？　そっちをうまく活かしましょう。
　一番大きいものを立てると、その他の瑣末なことは拘らなくなるものです。

　なにゆえ儒教が「仁」を煩く言うのか？

「人の望みも自分の欲望」、これこそが仁なのです。
　阿弥陀仏は全ての衆生を救うまで成仏しないことを誓い、維摩[*2]の病はほかでもない、衆生病むが故に我病むのである。そのような望みも、これすなわち「煩悩」に他ならない。しかしその煩悩を仁としてあえて引き受けるから聖人なのであって、これが、抜け殻座禅[*3]、生悟り[*4]から自由自在、本物の大悟ということですね。

　すべての善行、道徳、倫理は、誰のためでも何のためでもない、己が欲に基づいて行われてはじめて、全身全霊で天命を生きることになり、その命に生きることが「道」となるのです。

＊1　弥陀の本願
＊2　維摩居士　釈迦の弟子。居士とは在家の弟子のこと
＊3　瞑想しているつもり、修行しているつもり
＊4　悟ったつもりでいること

〇　やる時は全力を尽くす

「獅子は兎を狩るにも全力を尽くす」と言います。
　成功者の成功法則には「機を得たなら徹底的にやる」ということがあります。

　徹底的にやらず、有利であるにもかかわらず大敗した好例があります。
　本書の「はじめに」で記した、大日本帝国海軍の敗因です。
　ミッドウェー海戦時（昭和17年6月5日）の彼我の戦力差は以下のとおり。

【大日本帝国海軍連合艦隊】
　空母8　戦艦11　重巡洋艦17　軽巡洋艦7　駆逐艦70以上
【アメリカ海軍太平洋艦隊】
　空母3　戦艦0　重巡洋艦7　軽巡洋艦1　駆逐艦11

　これだけの戦力差がありながら、日本はなぜ負けたのか。
　敗因は色々ありますが、もっとも大きな要因は、日本側の「戦力の逐次投入」です。

　当時の帝国海軍は、日露戦役からの輝かしい伝統があります。日露戦争時、東郷平八郎率いる連合艦隊は、まずロシア太平洋艦隊を黄海などで打

ち破り、その後、遥か遠くバルト海から喜望峰周りで地球を半周してやってきたロシアの主力・バルチック艦隊を待ち伏せ、日本海海戦で全滅させます。

　この海戦における参謀・秋山真之の立てた作戦は、海戦史における理想形とされ、今も世界中の海軍の教科書に今も載っています。後年、それをしっかり学んだ帝国海軍のエリートたちによってミッドウェーは戦われたのですが、なぜ弱小だった敵に負けたのでしょう。

　彼らエリートはとても優秀なので、教科書通りにいろいろ考えるわけです。航空機のある現代、本土防衛はどうするか？　アメリカの太平洋艦隊を壊滅させても、やがて大西洋艦隊が回航してくるのではないか？　イギリスも敵となる今、いずれロイヤルネイビーもやってくるのではないか？
　そこで、この海戦で全戦力を動員することなく、いずれ来たる決戦に備えて戦力を温存するため、戦力の逐次投入を決定するのです。
　こちら側の兵力は十あるけど、ミッドウェーにおけるアメリカ側は三程度だから、こちらも三程度で作戦を遂行すればいいだろう、と。出し惜しみというか、官僚的発想というか、簡単にいうと、劣勢な敵に、わざわざ互角になる作戦を立ててあげたのです。

　「戦力の逐次投入」が好きなのは、平等性を装う今の役所も同じですが、それが事を為すのに何の意味もないことは、現代の成功者であれば皆知っています。
　そもそも太平洋戦争自体が、官僚的権益争いの発想で始まっています。当時の軍は、日本で最高のエリートが集まるところでした。東京帝大よりも、陸軍大学校や海軍兵学校のほうが格が上。日本で一番頭のいい人たちが集まって戦争を遂行したわけですが、しかしよく見ると、日露戦争を指揮した諸将で、学歴がある人など誰もいません。なぜなら、みんな江戸時代の生まれ。彼らの若い時分、大学などの近代教育は存在しませんから、幼い頃より学んだのは、論語や朱子学、陽明学などの「道徳」や、人間としての「修身」。そして戊辰戦争や西南の役といった実戦だったのです。
　そもそも「帝王学」とはそのようなものであって、受験勉強のことではありません。

○　フォーカスする。即断する。

　正しくフォーカスすること、あれこれ悩まず、直感に基づいて即断することにおいて、「はじめに」で記したもうひとつの例、VHSとベータ戦争の件を解説します。

当時、一般向けの録画装置にVHS方式を採用したのは日本ビクターでした。一方のソニーは、より長時間の録画が可能で、カセットのサイズも小さなベータマックス方式を開発します。
　通産省が規格統一を強く求めましたが、両者ともに規格を引っ込める気がないため、当時、業界で大きな家電の販売力を持つ松下電器の選択が注目されます。
　松下本社において、松下、ソニー、ビクター各社員に、相談役に引いていた松下幸之助が出席し、VHS方式とベータ方式が直接対決する検討会議が開かれます。
　その会議で、幸之助は両方の機械を手に取って持ち上げ、VHS方式参加を即断します。
　理由は、VHSのほうが軽かったから。購入者が持ち帰れる軽さであること、なによりも軽いということは、部品点数が少なく安価で製造できるということを、一瞬で見抜くのです。
　松下電器がVHS方式を採用したことが、後のビデオ戦争の勝敗を分けたことは言うまでもありません。
　侃々諤々の会議の中で、幸之助はVHSの機械を持ち上げ、「こりゃぁ、軽いなぁ」とニコニコしていたそうです。幸之助は、新しい機械の性能にフォーカスするのではなく、機械を売ることにフォーカスしていたのです。
　ちなみに、日本海海戦の英雄たちと同様、幸之助も高等教育はまったく受けていません。

○ 無駄なことはやらない

　たとえば、宝くじを当てることができるかできないか、これは、できません。

　通常の統計学においても、確率1％以下のことは、0％として扱います。なぜなら、たとえば車を運転して交通事故を起こすことは別に珍しくありませんが、実はこれも1％以下です。1％以下のことに注視して物事を扱うと、何もできなくなり社会活動が停滞してしまうので、とりあえず無視するわけです。

　宝くじ一等が当たる確率は、1000万分の1以下と言われています。0.00001％ですね。
　カジノなどにあるルーレットはご存知ですね？　回転するルーレット盤に玉を投げ入れ、0から36までの数字のどこに落ちるか賭けるゲームです。

このゲームで、あなたは貴重な掛け金を毎回1点買いで、最後まで勝ち抜く自信がありますか？　1点買いの確率は毎回37分の1(2.7%)。宝くじに比べれば、えらく高確率に思えますが。

　けれど、現実に宝くじに当たる人はいるわけで、そこをまだ期待している人には、もうひとつ嫌な話。
　ギャンブルには還元率というものがあります。負けた人から回収したお金を当選した人に掻き寄せて戻すから「払い戻し」というのですが、この還元率は100万円集まったら、当たった人に100万円払い戻す、というわけではありません。いくらか抜かないと、開催者(胴元)が儲からない。宝くじ券の印刷代とか、競馬場の建設費とかディーラーの給料が出ませんね。
　胴元が抜く金額は、先ほどのルーレットでは5%前後。なので1000円の掛け金は、胴元が抜くのはたった50円ほどで、残り950円が掛け金ということですね。実はラスベガスなどのカジノはわりと良心的で、ブラックジャックやバカラはゲーム全体で見ると、胴元の取り分はほとんどありません。そのためカジノでもっとも人が集まっているのはこのふたつのゲームですが、ルールも簡単で、これは客寄せ用のサービス商品でしょうね。スーパーが損して卵を売るようなものでしょうか。
　そして、パチンコは15%が開催者の控除、競馬や競艇になると25%。1000円馬券を買ったとたんに250円がJRAの取り分となっているわけで、そのあと別に万馬券が出ようと大穴がこようが、JRAには関係ないわけです。
　宝くじはというと、55%を胴元の国が持っていきます。55%!?　年末ジャンボなど1000億円売り上げがあるとすると、550億円は総務省や地方自治体へ行っちゃいます。残り450億円を当たった人で分けてね、というしくみです。
　これは世界的に見てもあり得ないほどユーザーに不利なギャンブルで、宝くじが「愚か者の税金」と言われる所以です。
　現在、国会等では「カジノ法案」について議論が始まっており、ギャンブル依存症などの心配がされていますが、まず先に、国が開帳しているこの悪質なギャンブルの依存症をなんとかした方がいいと思います。

　それでも、自分だけは特別だから当たるだろう、と思いがちな人は、個性運命學で改善できるかもしれませんし、買わなければ当たらないじゃないか、という人には、買っても買わなくても当たりませんと自信を持って答えますし、確率は低いが当たった時の倍率が他のギャンブルに比してはるかに大きいじゃないか、という方には、当たればね、と答えるしかなく…。

また、買うのはもう100回目だから、そろそろ当たるだろう、という人には、もうひとつ確率のお話。最初に当選確率は1000万分の1と書きましたが、100回買うと確率が10万分の1まで向上するということはまったくありません。前回と今回のくじにはなんら関係性はありませんので、それぞれ毎回が1000万分の1です。そして今回が100回目の購入であるなら、当選確率は10億分の1になるだけです。なぜならこれまでの99回はハズレが確定しているのですから。

5 | 個性運命學の生涯修養

　より深く個性運命學を学んでみたい、いつか自分も紐解き師になって、人の人生を応援してみたい、という方のために、各種セミナーや育成プログラムをご用意しています。

　ご存知の通り、成功者というのは、よく勉強します。良い時も、悪い出来事に対しても、常に学びの態度を欠かしません。
　個性運命學によって、自分の個性や宿命を知ることは、自分で命を運ぶことができるということ。これを学ぶことによって、人は謙虚になり、他者に感謝でき、ひいては人徳が高まり、また人が集まってくる。
　「帝王学」とは、人格を高めるための、生涯の修行なのです。
　是非皆さんも、私たちと一緒に学んでいきましょう。

第 3 章

人生は春夏秋冬

人にはバイオリズムがある

　人のバイオリズムは、約12年で一巡する循環で成り立っています。
　そして、1年、1ヶ月、1日の中にも、同様の循環があります。
　私の「紐解き」では、このバイオリズムを春夏秋冬「四つの季節」で表現し、さらにその中には「12の循環」があります。
　人は、生まれてから死ぬまで、約12年周期の循環を繰り返して人生を過ごします。この考え方は東洋思想では一般的なもので、四柱推命や算命学でも、人生のサイクルを四季にたとえています。このベースになっているのは「陰陽五行」という世界観で、春は木、夏は火、秋は金、冬は水に当てはめ、それぞれの季節の境目に土（土用）を入れて自然界の五行とし、それが人生において何度も巡っていくのです。さらに12年というサイクルを3年ごとに分け、春夏秋冬と表現しています。

　これまで、他の學問の場合、誰にとっても春夏秋冬の長さが一定でした。けれども私の「紐解き」では、その人それぞれの個性に合わせて鑑定するので、人によって春夏秋冬の季節の長さが異なります。試練の「冬」が長い人もいれば、楽しむ「夏」が長い人もいる、というように、各個人の運命周期は一定ではありません。人それぞれ違うのです。
　これは私がこれまで1万5千人以上の方々を紐解きし、研究を重ねてきた結果、発見し確立したことです。私が修行時代に教科書で習ったことと、実務につき何名かの方たちを「紐解き」し、その統計を積み重ねていくのとで、「リズムが違うなあ」と感じる例が数多く見られました。
　そして、それこそが各人の個性であり、その違いに気づけば、もっとリアルな人生に學問を当てはめていくことができるのではないか、リズムも読みやすくなるのではないかと気づいたのです。
　もちろん、安易に変えてはいけない法則というものもあります。ただ、個々人の春夏秋冬を考えると、よく耳にする「人生における12年周期」や「月ごとの周期」では、あまりにも扱いが粗雑です。誰でも彼でも、誕生日や元旦、節分などがくると全員一斉に周期の歯車が動くのかというと、そんなはずはありませんよね。
　また、誰もがぴったり12年ではないのが当たり前です。人によっては11年と9ヶ月だったり、12年と1ヶ月だったり、親子であれ兄弟であれ、その周期はそれぞれ異なるのです。個性があるのだから当然ですよね。みんな同じじゃなくていい。自分の数を知り、機を見て季節に乗ることが大切です。

＊天地万物は、陰陽のふたつの気と、木、火、土、金、水という五つの元素の組み合わせによって変化し循環していくという考え方。

各季節・春夏秋冬・12の循環

　バイオリズムを3年ごと、3ヶ月ごと、6時間ごとなどを4つに分け、四季にたとえるとわかりやすいと思います。

　さらに、春夏秋冬の中でも移り変わる12の循環があります。たとえば、春の中でも【望】→【資源】→【運命】と動いていきます。12年、または1年、1ヶ月、1日の周期は、「冬」の【回天】をスタートに循環を始めますので、ちょっと見づらいですが、冬の途中の【回天】から、ここでは特徴を簡単にお伝えしていきます（コース講座では奥深く勉強します）。

冬

【回天】もっとも最低な時。自分は表に立たず、ひたすら他人のために努力することが賢明。

【裁断】秘密が暴露され、平和な過去に波紋。逆に、不幸続きの人には希望が宿る。

春は「種まき、水やり」

　春は種を播きましょう。新しい春の到来ですから、チャレンジ精神が大事です。これから望みを叶えていくという意欲を持つこと。新しい人との出会いや世界を広げることを意識しましょう。

　ただし春と言っても、楽しいことばかりではありません。夏が近づき、たくさん芽が出てきたら、不要な芽を間引くことも必要です。せっかく出た芽を間引くことは痛みを伴います。しかし自分の目的に関係ないものは、捨てて行くことも大切。

　春夏秋冬すべての季節に痛みはあります。とことん考え、前を向いていきましょう。

【望】過去を捨て切り替えの時。住居・職業・交際・衣類・性格まで一新して開運。

【資源】協力者が現れ、活気づく。実行の時。

【運命】独立、結婚に最高機。見通しもつき、自信が漲る。決断、実行は未来へ永続する。

夏は「達成感を味わいましょう」

　夏は成長の季節。あなたの春に仕込んだチャレンジの芽が、どんどん成長していきます。

　夏がくる前には梅雨があります。いやな天候で、ジメジメして不快な雰囲気ですが、そのうち梅雨は明けます。雨をしっかり吸収したら、どんどん育った希望に花が咲きます。じっくりとその達成感を味わってください。

　夏休みにはお祭りなど楽しいことが多いけど、足元をすくわれないように。何かを達成し、充実感を味わえる一方で、周囲からいろいろ言われたりすることも増えてきます。その痛みをしっかりと受け止めましょう。

【天候】精神に不調を来す。中だるみ、根性の時。建築は不可。ピンチの後に幸。

【祭】勘が冴え、集中力あり。障害を除法し、願望成就、達成の時。人気信用が集まる最高機。

【幻】脱線しやすく、気力に難あり。満足感は隙だらけ。浮気、事故に注意。

秋は「収穫して働く」

　秋は収穫の季節です。自然や人様に感謝して、実りをしっかり刈り取りましょう。

　でも収穫するということは、単にお金が入って来るとか、地位や名声が向上するといったことではありません。なぜなら収穫の刈り取りは自分でやらなければなりませんから。

　ただ実りをもらうだけではなく、冬に備えてしっかりと働く。自分のためだけでなく、他の人たちの刈り入れも手伝いましょう。

【扉】既成の上に再び蘇る運。信用力増大、拡大。ツキ、勇猛邁進、再婚など、絶好調機。

【結集】予想を上回る成果あり。宴会に縁あり。気力充実。

【城】巧成り名を遂げる。物心共に充実。高慢に注意。

冬は「次への準備」

　静寂の冬。しっかり収穫した蓄えで、冬を健康に乗り越えましょう。

　冬は雪で覆われ足元が見えない。それでも歩みを止めない。でも道が見えず、不安になります。冬は信頼できる誰かに、前を歩いてもらいましょう。

　冷たく澄み切った空気で、満天の星空が見えます。頭もすっきりと冴え渡ることでしょう。この静けさを利用して、自分を見つめ直したり…。今まで見えなかったものや、周りが見えてきます。見えることでの痛みもあるけど、それが冬の痛み。

　やがて、必ず春が巡ってきます。翌春に備えて、勉強したり資格を目指したり、スキルアップしましょう。「よし、来年は何をしようかな」と考えて準備することを忘れないでくださいね。

【空】裏切られ、期待はずれ。深追いは厳禁。新規は甘言につき凶。未来より過去が重要。

【回天】へ戻る。

運命グラフ

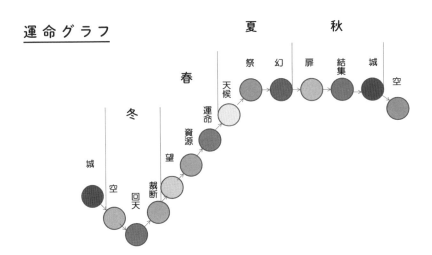

成長周期

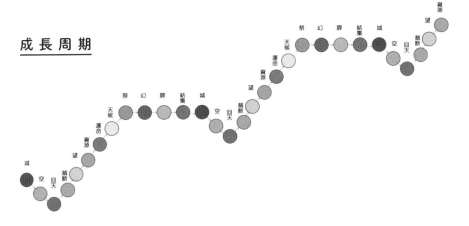

衰退周期

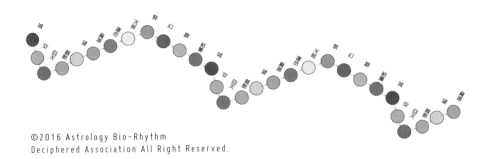

©2016 Astrology Bio-Rhythm
Deciphered Association All Right Reserved.

十二神
あなたの神を見つけよう

　私の「紐解き」を受けにいらっしゃり、こんな質問をした方がいます。
「リーダーに向かないと言われたので、サポート側に回ればいいですか？」
　他の所で鑑定を受けて「社長に向かない」「家庭に縁がない」…などと言われたという方が、あまりにも多くて驚きます。
　個性運命學では、向き、不向きなどという考え方はしません。誰でもリーダーになれ、家庭を築くこともできる。大切なのは"その人の個性をどう生かすか"なのです。そして、その活かし方を知るためのツールが「個性運命學」。
　個性運命學では、あなたの個性をまず六つの「神」のタイプに分け、そこからさらに「陰陽」で十二の神に分けていきます。
　十二の「神」の名前は、自然界の事象からイメージして、私が名づけました。あなた自身で自分の「神のタイプ」をイメージしてください。
　たとえば「星の神」なら、星は輝く、星に願い事をする、雲が出ると見えなくなる…というように、なんとなくイメージできると思います。そのイメージを自分だけでなく、ご家族など周りの方とも共有してください。それによって「"星の神"の人はこんな個性かな？」とか、どんどん具体的に把握できるようになると思います。
　そしてそれは「勝手なイメージ」で構いません。大切なのは自分にとって「どう感じるか」です。
　ただし、自分を正当化したり、都合よく解釈したりすると、せっかくの「神の個性」や「バイオリズム」「創造知能」を生かせなくなりますから、くれぐれも注意してくださいね。

あなたの神様は？

> P166を見て、あなたの神様を割り出してください。
> まず、一〜六の神のタイプがわかります。
> そこからさらに、十二神に分かれます。
> あなたの神様がわかったら、次頁からの
> 各神様の特徴やアドバイスを知りましょう。

一の神　石橋を叩いて渡る人

日の出の神

仕事　「ゆるい戦略」がポイントです。もともと緻密で理屈屋であるので、考えすぎると一歩が踏み出せなくなります。いつまでたっても何もやらない「口だけ男（女）」にならないように気をつけましょう。「ある程度」でスタートすることも大事です。

お金　堅実に貯蓄できます。「お金がない」と口では言っていても、貯金通帳には残高がいっぱいあるタイプ。自分で稼ぐというより、長男長女や二代目として生まれてくることが多いでしょう。お金には縁があるのですが、減ることへの恐れがあるため、増やすことや使うことができません。

恋愛　マジメな性格ゆえに、惚れっぽくなります。男好きだし女好き。けれど、そのことの自覚がありません。このタイプで「恋愛できない」という場合は、実は「自分は惚れやすい」と知ると、頭でっかちにならずに済みます。

「日の出の神」と付き合うときのアドバイス

「なぜならば」という言葉を最初につけること。
時系列で理論的に話をするのがポイントです。

パワーカラー
ブラウン

ビジネスカラー
パステル

有名人
木村拓哉
櫻井翔
田中角栄
石原良純
手塚治虫
羽生善治

生真面目な性格でとても慎重なタイプ。男女で性格に違いが出るのが特徴です。男性は理屈っぽくて煮え切らない面がありますが、とても家庭的。女性はかかあ天下で、六神のなかでいちばん負けず嫌いで勝気です。

宝の神

仕事
「早い決断」がポイントです。自分のなかの基準値が高いので、あれもこれもと欲張ってしまいがちです。条件がすべてそろってからスタートするのではなく、その時々で決断して進んでいくほうがいいでしょう。独断即決を信条にするのが成功の秘訣です。

お金
プライベートでお金を使うことが多く、男性なら妻にも愛人にもお金をかけるタイプです。相手が喜んでくれるなら、いくらでも出してしまうでしょう。ただし、会社のためにはあまり使わないかも。お金を回していく力があるので、使ってもその分はまた入ってくるはずです。

恋愛
「自分はモテる！」と思いすぎ。「オレと付き合ったら離れられないよ」と口に出して周りから引かれます。このタイプで「恋愛できない」という場合は、「モテる」と思いこむと、一歩踏み出せるでしょう。

「宝の神」と付き合うときのアドバイス

「ほめる」のがいちばん。容姿などの外見ではなく、内面（実績など）をほめるのがコツです。

パワーカラー
ゴールド

ビジネスカラー
イエロー

有名人
アントニオ猪木
渡哲也
デビッド・ベッカム
オードリー・ヘップバーン
上沼恵美子
宮崎駿

二の神 　愛と平和の人

雲の神

仕事　「柔らかく人を使う」ことがポイントです。人と人をつなぐ才能を生かしていくと、大きく伸びていけます。男性も女性も「フェミニンさ」を武器にすることで、今の時代をしなやかに勝ち続けることができるでしょう。

お金　接待などにお金を使うことが多いでしょう。自分のためより人のために使ったほうが金運は上昇。庶民的な百均タイプなので、ブランドものはNG。ファッションなど自分を飾ることにばかりお金を使うと、うまくいかなくなります。自分の資産を増やしたがる傾向も。

恋愛　マイペースで積極的に恋に走りがち。いわゆる手が早く、自分に都合のいい恋愛をすることが多いでしょう。思いやりを持って相手に合わせることを意識するのが、幸せをつかむコツです。

「雲の神」と付き合うときのアドバイス

「拡散してほしいこと」を話すのが効果的。
強力な宣伝マンですが、秘密の話は絶対に伝えないようにしましょう。

パワーカラー
パープル

ビジネスカラー
レッド

有名人
コロッケ
原辰徳
岡田准一
高橋尚子
トム・クルーズ
中島みゆき

「みんなで仲よく」という気持ちが強く、今の時代には向いているタイプ。「世話好き」なところがありますが、一歩間違えると「お節介」と思われるところも。「みんなで」と言いながら、自分のことばかり話します。

虹の神

仕事	「楽しませる」ことがポイントです。「For You」の精神が旺盛で、人を楽しませるリーダー、経営者になれるでしょう。ただし「僕を見て」「私すごいでしょ」と出過ぎてしまうと、周りの人が去っていくので気をつけること。
お金	基本的にお金を使うことがヘタですが、自分の健康のためには惜しみなく使いたいタイプ。ただし、それ以外では自分に投資することはなく、いつも周りのために使います。経営者の立場でも、お饅頭をひとつ「はい、お土産！」と屈託なく渡せるような庶民派で、それができることが大物の証拠です。
恋愛	相手を束縛しすぎる傾向が強く、恋が長続きしません。基本的に「かまってちゃんタイプ」で、「○○してほしい」と要求ばかりが多くなることに。ウザいと思われないうちに改めるようにしましょう。

「虹の神」と付き合うときのアドバイス

「聞き役」になるのがおすすめ。
「気持ち」よりも「物」のごほうびをあげることで関係が良好になります。

パワーカラー
オレンジ

ビジネスカラー
ブラウン

有名人
ビートたけし
高倉健
ダイアナ妃
市川海老蔵
あいみょん
三谷幸喜

三の神　努力と忍耐の人

火の神

仕事	目下の人にも「教えて」と言えることがポイントです。たゆまぬ努力を続ける勉強家で陰には秘めたプライドがあります。そのうえで「どうやるの？」「なんで？」といつでも質問できる姿勢を失わないことで成長し続けられるでしょう。
お金	ケチなのでお金は貯まります。そして、会社ではなく家庭に使うタイプ。ただし、基本的に「ケチなくらいがベスト」で、使いすぎないこと。本心では一攫千金を狙っていそうです。人間関係が苦手なので、人との潤滑油になるようなお金の使い方を意識するとうまくいきます。
恋愛	嫉妬心はあっても、相手に対して格好つけていい顔をしようとします。ただし、激しく燃えていたかと思うと、一瞬にして冷めることも。相手に合わせるやさしさを心がけるとうまくいきます。

「火の神」と付き合うときのアドバイス

「頼る」ことが大切。上手に立てることを心がけて、
信頼している態度を見せると張り切ります。

パワーカラー
ブルー

ビジネスカラー
オレンジ

有名人
出川哲朗
マツコ・デラックス
本田圭佑
堀江貴文
大谷翔平
黒澤明

「自分さえ我慢すれば…」と思うタイプ。粘り強く物事に取り組んでいく一方で、とてもロマンチストな一面も持っているでしょう。耐えることがある種の快感になり、自分で悩みの種を探してしまうことも。

日の入りの神

仕事	「信じる」ことがポイントです。常に裏を読みすぎて、周りの人の意見を素直に聞くことができません。自分が正しいという思い込みを捨てて、相手を信じるところから始めると、人としての魅力が増していきます。
お金	ブランドものにお金を使いすぎる傾向があります。おしゃれのセンスはあるタイプですが、見た目にばかりこだわるのは逆効果。本来持っている堅実さを発揮するほうが金運は上がります。また、子供のことにお金をかけがちな点に要注意です。
恋愛	将来的な安定が見える相手と付き合いたい傾向が大。束縛まではいかなくても、いつも「ゴール」を意識していて、プレッシャーをかけることになります。似たような恋愛観を持った相手とはうまくいくでしょう。

「日の入りの神」と付き合うときのアドバイス

「報告する」ことが肝心。
「ほうれんそう」（報告・連絡・相談）をしっかりすると安心してもらえます。

パワーカラー
ブラック

ビジネスカラー
ゴールド

有名人
イチロー
中山雅史
香取慎吾
所ジョージ
武豊／大坂なおみ
滝川クリステル

四の神　自由に生きる人

風の神

仕事	「自由である」ことがポイントです。外見はラフで遊んでいるようでも、実は地に足をつけてマジメに自由を満喫。自分のポジションに甘んじることなく、どんな時でもオールラウンドプレーヤーとして自ら動くことが大切です。
お金	風に吹かれるまま使ってしまうので、「お金がない」と言っている場合は、本当にすっからかん。正直でウソはつけないので、「ある」と言っている時は本当に持っています。ただし、あれば使ってしまい残りません。誰かがなんとかしてくれる得な一面もありそうです。
恋愛	超自由人なので束縛はせず、されたくもないタイプです。同じ価値観の相手なら楽しく付き合うことができるでしょう。ただし、相手が将来のことを考え始めると、お互いにストレスがたまることに。

「風の神」と付き合うときのアドバイス

「新鮮な話題」が必要。新しい情報を提供してあげるとコミュニケーションがうまくいくようになります。

パワーカラー
パステル

ビジネスカラー
パープル

有名人
安倍晋三
中居正広
中山美穂
マイケル・ジャクソン
竹下登
秋元康／長渕剛

束縛されるのが嫌いなタイプ。ユニークな発想力で、今の時代を上手に生き抜いていけるでしょう。ただし、飽きっぽい面があり、いつもフラフラしがち。「持続力を身につける」ことが課題になります。

星の神

仕事
「みんなの願いを叶える」ことがポイントです。自分の願いよりも「みんな」を優先させることが成功の秘訣です。いろいろなものを全部まとめて叶えたいと思うタイプなので、ひとつずつ目標を達成し、ステップアップしていきましょう。

お金
「お金がない」と言うと、どこからか巡り巡ってくるような、不思議な運の強さもあります。「金は天下の回りもの」的な考え方で、なくても使いたくなってしまうタイプ。「なんとかなるさ」が口癖ですが、人生はそんなに甘くないので、堅実さを養いましょう。

恋愛
恋愛遍歴はかなり多くなる資質を持っています。基本的に来るものは受け入れてしまうので、二股三股はあたりまえということも。とくに、このタイプの女性は男性から見ると落としやすいかもしません。

「星の神」と付き合う時のアドバイス

「話題のもの」がカギ。流行りものに敏感なので、「知っている？」と教えてあげると喜びます。

パワーカラー
若草色

ビジネスカラー
イエロー

有名人
中田英寿
桃井かおり
松平健
小澤征爾
米倉涼子
小渕恵三

五の神　プライドが高い人

海の神

仕事	「逃げない」ことがポイントです。良くも悪くも器が大きすぎて、何でも受け入れてしまい、最後は投げ出すことも。育てることが得意なので「人を勝たせる」ことに意識を向けて、自分以外の人のために、サポートや投資をしていくようにしましょう。
お金	普段は節約家で、貯めるのも上手なタイプ。ただし、時々どーんと大きな買い物をするでしょう。実は大きな買い物をするために、お金を貯めているというのが真相。自分のなかで目標を決めて、計画的にお金を貯めて使っているのですが、周囲からは理解されにくかも。
恋愛	ルックス重視で相手を選びがち。誰もが羨むような人と付き合って、自慢したいと思っている部分も。付き合う相手にはやさしく、大きな夢を語る側面もあります。それを実現できるようになれば評価は上がります。

「海の神」と付き合うときのアドバイス

「リードする」のがコツ。独特のプライドがあるので、こちらから話しかけて、きっかけ作りをしましょう。

パワーカラー
パステル

ビジネスカラー
ブルー

有名人
本田宗一郎
石原裕次郎
羽生結弦
DaiGo
長嶋茂雄
有吉弘行

愛情豊かで情が深いタイプ。コミュニケーションは上手ではないですが、付き合いが長くなると相手を信じ、尽くします。そのため、詐欺師などに騙されてしまうことも。なかなか自分を変えられないので、今の時代には生きにくい面があります。

地の神

仕事	「威張らない」ことがポイントです。豪快な性格で思いやりもありますが、時として「上から目線」になってしまうことも。「お母ちゃん」のように裏方役として働き、しかも「自分がやった」とは主張せずに謙虚でいることでうまくいきます。
お金	とにかく安定志向で、資産が増えていくことに大きな喜びを感じるタイプです。常にある程度の貯金がないと不安で、老後の心配も人一倍してしまいそう。お金を増やすことに興味はありますが、その方法を選ばないと、逆にストレスをためこむことになります。
恋愛	長く付き合える相手を選ぶことが特徴。学生時代から交際して結婚…というパターンも多いです。良くも悪くも変化することを好まないので、浮気などの心配は少ないでしょう。地の神だけに「地に足が着いた恋愛」を好みます。

「地の神」と付き合うときのアドバイス

「感謝する」ことが大事。「あなたのおかげ」という姿勢をキープすると、気分よく接してくれるようになります。

パワーカラー
フレッシュグリーン

ビジネスカラー
ブラック

有名人
マザー・テレサ
高木ブー
三木谷浩史
加藤浩次
菅田将暉
友近

六の神　陽気で社交的な人

雪の神

仕事	「営業力」がポイントです。社内でじっとしていないで、いつも外を飛び回っているくらいのほうがうまくいきます。謙虚でいたほうが成功するでしょう。「俺様」になってしまうと、周囲がついていけなくなってしまうので気をつけること。
お金	自分で稼げるという自信を持っています。そのために、いろいろなところにお金をばらまいてしまうタイプ。でも、それが違う形で返ってくることもあり、基本的にはお金の使い方は上手です。お金を使うとパターンに決まりがなく、不規則に使うのも特徴です。
恋愛	スタイルやファッションへのこだわりが強く、相手にもそれを求めます。性格よりも見た目が大事。とくに男性は「脚フェチ」が多いので、付き合いたいと思うなら、ミニスカートがおすすめです。

「雪の神」と付き合うときのアドバイス

「あいづち」が大切。基本的に会話上手なので、リズムよく盛り上げるだけでうまくいきます。

パワーカラー
レッド

ビジネスカラー
グリーン

有名人
小池百合子
田中将大
吉田沙保里
王貞治
マリリン・モンロー
新庄剛志

社交性に富み、負けず嫌い。明るい性格で目立つ人も多いので、自分がどう見られるかを常に意識します。とくに男性は格好つけ屋になりがち。相手のことを立てるように心がけるといいでしょう。

オーロラの神

仕事	「摩擦を恐れない」ことがポイントです。本来は器用で意見交換が得意ですが、損得を考えて弱腰になってしまうことも。明るく「違っていたらごめんね」と一言添えてから、自分の言いたいことを伝えるようにするといいでしょう。
お金	旅行や勉強など、「物」ではない「見えないもの」にお金をかけるのが好きなタイプ。将来的には、それが自分自身の財産になっていくでしょう。裏を返せば、自己投資できていない場合は、うまくいきません。日々のストレス解消のために使うのも特徴です。
恋愛	外でがんばっている反動で、甘えられる人を好みます。恋愛では素の自分を出したいという気持ちが強そうです。ほめられることで奮起するタイプ。ただし、なかには損得で付き合うという人もいるかもしれません。

「オーロラの神」と付き合うときのアドバイス

「のせる」ことがコツ。「超楽しい!」とおだてると、いろいろなことを教えてくれるようになります。

パワーカラー
ピンク

ビジネスカラー
シルバー

有名人
ビル・ゲイツ
孫正義
明石家さんま
錦織圭
松本人志／浜田雅功
三浦知良

十二神の個性がひと目でわかる早見表

	恋愛	仕事
日の出	マジメだからこそ、すぐに恋に落ちる	理屈をこねてばかりでなかなか行動しない
宝	「自分はモテる！」と思いこんで引かれることも	戦略的思考を発揮して着実にゴールを目指す
雲	マイペースで都合のいい恋愛に走りがち	誰かの役に立つために一所懸命頑張る！
虹	愛されたい気持ちは誰にも負けない	For Youの精神で楽しく働きたい
火	愛の炎はすぐ燃え上がるけれど冷めるのも早い!?	向上心があって何事も計画的に進めたい
日の入り	安定志向が強く未来が見える恋愛がしたい	物事を冷静に計算できるが深読みしすぎる面も
風	束縛はしないし、されたくない自由な恋愛	情報や流行に敏感で仕事にも遊び心を忘れない
星	「来る者は拒まず」で恋愛遍歴を重ねていく	考えるよりまず行動で目の前のことに取り組む
海	性格よりもルックス重視で相手を選びがち	仕事では人を育てる、勝たせることが得意
地	「この人！」と決めたら長く続く堅実派	どっしりとしたリーダー気質で独自の感性を発揮
雪	とにかく見た目が大事でセンスがいい人が好き	持ち前のサービス力と営業力で手腕を発揮
オーロラ	素のままの自分を愛してほしい甘えたがり	思いを形にする豊かな表現力が仕事の武器に

お金	人間関係	色
「お金がない!」と言いながら貯金残高は多い	「仲間のためなら火の中水の中」の頼れるタイプ	[パワー] ブラウン [ビジネス] パステル
相手の喜ぶ顔が見たくてつい浪費することも	みんなを笑顔にするのが大好きな女王様	[パワー] ゴールド [ビジネス] イエロー
庶民派だけれど、交際費は惜しまず使う	周囲の意見に流されやすいお世話好き	[パワー] パープル [ビジネス] レッド
自分よりも周囲のために小さく使う	やさしさと思いやりにあふれたムードメーカー	[パワー] オレンジ [ビジネス] ブラウン
見かけによらず金銭感覚は堅実で貯蓄上手	熱い心で人を勇気づけるけれど気が短い	[パワー] ブルー [ビジネス] オレンジ
見た目にこだわってブランドに走る傾向あり	地味だけど人を包み込む深い愛の持ち主	[パワー] ブラック [ビジネス] ゴールド
「ある」ときと「ない」ときが極端に分かれる	フレンドリーでどんな人とも仲良くなれる	[パワー] パステル [ビジネス] パープル
金は天下の回りものが信念で、あればあるだけ使う	無邪気で人当たりはいいが、超マイペース	[パワー] 若草色 [ビジネス] イエロー
節約家で貯蓄上手だが、使うときは使う	コミュニケーション下手のさびしがり屋	[パワー] パステル [ビジネス] ブルー
財を増やすのが上手でお金が心の安定につながる	母のような深い愛と豊かな情感で周囲と接する	[パワー] フレッシュグリーン [ビジネス] ブラック
「生き金」の使い方を知っていて稼ぐ力もある	華やかで社交的だけど損得で人と付き合うことも	[パワー] レッド [ビジネス] グリーン
物ではなく体験や学びのために惜しまず使う	感動させるのが好きでのせられると頑張る	[パワー] ピンク [ビジネス] シルバー

第4章

現代人へ

「女性の時代」だから女性が伝える成功法則がある

　古代中国の卦では、連山易、帰蔵易、周易という3つの時代があります。それで見ると、現在は、数年前より「女性の時代」である帰蔵易の38年間に切り替わって、あと30年近く続きます。
　次にやって来る周易は男性性が全面に出る時代で、連山易は男女平等の時代でした。ですから帰蔵易に入ってすぐ「草食男子」という言葉が流行ったり、フェミニンな男性が人気だったりという現象が起きているのです。

　従来のいわゆる「成功法則」の本は、男性が男性のために書き、女性が女性のために書くというものばかりでした。しかし、今は「女性が男性の成功法則を書く時代」になっています。なぜなら、女性の時代だからこそ、男性に目覚めてほしいと思うからです。
　現代の女性はマスキュリン（男性らしさ）が強くなってきて、女性経営者も増えていますね。でも、女性の時代はあと30年で終わって、その後にはマスキュリン全開の男性の時代が巡って来ます。そうなると、本物の男しか通用しなくなってしまいます。
　今、幼い男の子たちを、流行りの女性性で育てていくと、大間違いになってしまいますよ。今の時代のように「男性もお弁当を作ったり、お肌のお手入れをしたり、女性のようなことをしてあたりまえ」などというように育ててしまうと、30年後には大変なことになります。その後来たる時代では、いろいろな意味で男性は「戦うこと」が求められる世の中になり、必然的に女性が「家庭を守る」という流れに還っていくでしょう。

　もちろん男性の時代と言っても、一昔前の男の時代とは異なります。時代はその時々で変わっていくものだということを理解して、それを生かすことのできる人が、勝っていくのです。今、成功している男性の経営者はフェミニンなのですね、やっぱり。

　むかし男は武士道と言ったけど、今は男のフェミニン。女の武士道です。
　そういう時代だから、女性の私が、男性へ向けてこの本を書いたのです。個性運命學では個性らしい「成幸法則」を学ぶことができます。

都合のいい質問ばかり しないでください

「紐解き」を受けると、自分の個性、時期やタイミング、方位、色など、本当にいろいろなことがわかります。「紐解き」に限らず、どんな鑑定を受ける時にも大切なのが、質問する力。ところが時々、ご自分に都合がいい質問ばかりしてくる方がいます。
「今年は浮気してもいいですか？」
「愛人を変えてもいい年でしょう？」
なんていう質問を真面目にしてくる方も。
たしかに人生の巡りとして、異性にモテやすい時期というのはありますが、それが浮気や不倫をしていいということにはなりません。

私の東京のお客様で「紐解き鑑定年間契約」を長年継続している、港区にお住まいの"真麻ちゃん"（仮称）という女性がいます。会うのは月に1回程度ですが、2回以上になることも。
千葉出身の彼女は、銀座でホステスさんをしています。彼女は「雪の神」。いつも相談は若い女性ならごくあたりまえの、恋愛であったり、友人関係や両親や兄弟のことであったり。でも、彼女の発する素朴な質問がかわいいので、本書では、ところどころでお付き合いしてもらいます。

まあさ　「男をカネで選ばない女って、弱者なのかな？」
星里奏　「知らないわよ」
まあさ　「やっぱ愛人とかしかないか」
星里奏　「愛人、責任軽くていいんじゃないの」

とまぁ、鑑定後の雑談は、つねに内容はありませんが。

まあさ（仲がいいので呼び捨て）は、高校中退後、六本木のキャバクラで水商売の世界に入り、二十歳（はたち）のとき銀座の高級クラブへ。この道10年以上、他の職業に就いたことはないそうです。学歴や社会常識はないけれど、その経験値で、まんざらバカでもない様子。そしてなにより、女性の私から見ても、おそろしいほどの美人！　身長は170センチ、顔が小さい！　胴体が小さい！　胸が突き出ている！　姿勢がいい！　腕も脚も細い、長い！　色が白い！　髪の毛が多い！　目が大きい！（カラコンでもなく）笑顔が素敵！（インプラントだそうですが）
連れて歩く男性はすごい自慢でしょうね。ところが現在、彼氏もパパもいないよう。周りの同僚の女の子は、お金持ちと結婚したり、愛人になっ

たりしているが、はて？　それでいいのか？　などと疑問を持っている今日この頃のようです。
　27にもなると、この仕事も辛くなってきて、若い頃のようにがむしゃらになれない。銀座で上を目指す気もない。でも他の仕事ができるわけでもなく、やる気もない。勉強もムリ。毎晩お金持ちや芸能人とかにも口説かれるけど、好きになる男が見つからない。その容姿ならどうとでもなりそうなものですが、本人に自覚はないけど、親からもらったその芸術的な容姿でなんとか生き抜いて、小さな頭で一生懸命考えているみたいです。

まぁさ　「ねーねー先生、友達は月200で、虎ノ門ヒルズ住んで、でも愛人って感じにも見えない、なんか自由そう」
星里奏　「将来どうなるかよね」
まぁさ　「直感だけど、この先もお金に困らないような気がする、私！」

　直感ひとつにしても、もともと直感が冴えている個性の方がいらっしゃいます。すると、「僕はこれまで直感で仕事して、うまくいってきたから、これからも直感でいけばいいですよね」などと言う。いやいや、それは違いますよと。忘れてはいけないのは、これまではその直感が役に立つバイオリズムがあったということ。今までは直感でOK。でも、「これまでのようには続きませんよ。ここは慎重に、ここはちゃんとタイミングを測る時期だとお伝えしましたよね？」と私が言っても、1分後には「わかった！直感でいくから」となってしまう（笑）。

　あとは、自分勝手な解釈で意味づけをする方もいますね。
　これはアパレル系の会社経営している女性社長の例ですが、彼女は「五の地の神」で、裏方で働くと大成功するタイプ。しかし、本人は華やかで派手好み、メイクも人目をひく明るいカラーが大好き。
「私は前面に出て語って、輝いていればいい。みんなの前でスピーカーになればいいんです」
　と望んでいる。けれど、いくらやってもうまくいきません。彼女の個性は、本来輝ける場所はそこではないのですから。
　このように変わらない人、うまくいかない人に共通しているのは、「紐解き」を聞いているようで、結局、何も聞いていない人です。それでは何度「紐解き」を受けても時間の無駄ですね。自分に都合よく解釈するのではなく、せっかく時間を割いてお金を払って鑑定を受けているのですから、ここは素直に、相手の話を聞く、そういう姿勢が大事です。

勝っていくのは要領のいいタイプ

　先に述べたように、今は「女性の時代」なので、キーワードは「柔らかさ」。30年後には「男性の時代」が来ますが、今は柔軟に対応できる人が勝っていくのです。いい意味での「要領のよさ」が必要になります。

　女性って、環境適応能力が男性よりはるかに高いのです。昔から女性は、他家へ嫁にやられて、そこで一生を過ごすものとして生きてきました。環境がまったく変わっても、おしゃべりですぐに友達を作ってしまい、集団にうちとけますよね。男性は知らない人とのコミュニケーションって苦手な人が多くて、環境に適応するまでに時間がかかり、ストレスになってしまいますよね。
　そんな時に「僕はできないから」「男はそんなことできない」「私にはムリ」と言っている人は、生き延びられません。
　ですから、真っ当にやっている人たちにとっては、生きにくい時代です。本来なら私も、真っ当にやるほうを支持したいし、「薄っぺらいもの」が広がっていく傾向に悔しさを感じることもあります。でも、時代性を考えると「要領よく、そういうこともやらなきゃね」と言っています。

　ただし、その要領のよさとは、本当に変えてはいけないことを大事にしながら、自分の個性を生かす選択をするために必要になるもの。そこを柔軟にチョイスしていける人が最終的には勝ち残って、たとえ男性の時代になっても、100年、200年続いていく会社になっていきます。

　現在、国民的スターであるミュージシャンのRさんにも、私の紐解きをご利用いただいています。
　当初、Rさんは、ご自身が所属なさっているプロダクションの社長様に連れられ、渋々やって来られました。社長様には以前より、新しいユニットの編成メンバー、結成日、新曲の発売日、イメージカラーやツアー開始日の決定などのご相談を受け、親しく数年来お付き合いをいただいていました。

「なるほど…。噂では聞いていたけど、やっぱりあるんだ…。こういうものが…」
　何度目かにお会いした際、Rさんがふと洩らした感想です。

　Rさんは本来、占いなどは信じないし、スピリチュアルなことも好きで

はないそうです。ただ、昔からこの業界では、尊敬する先輩や周りの同業者たちは、運命や宿命にこだわり、統計学を重視していて、当初は乗り気でなかったRさんも、星里奏先生にお願いしなさい、という社長様の強い勧めで知り合うことになりました。

　Rさん「私はプライドが高く、これまで自分の感性だけ信じてやってきたのです。自分自身が感動できる、かっこいいと思うものだけを発信する。人の意見なんて関係ない、時代に合わせて要領よくなんてできない、と。若い頃はそれで良かったのですが、しかし時は変わり、自分は歳をとり、自信が持てなくなってきました。しかし、自分の音楽に外部からのアドバイスや、ツアー活動に統計学を取り入れることなど、すごく抵抗がありました」という素直な言葉。

　そう、「一の宝の神」は自分しか信じない。なかなか受け入れない。けれど要領はいい神です。エンロール力があり、人を巻き込めるため、うまくいく人が多い。
　新プロジェクトをスタートさせる場合、企業鑑定も同様ですが、本人、会社、幹部、その他諸々の要素に加え、なにより時代の流れを見る必要があります。時代にもバイオリズムの流れがあり、そこを知らずして行動の開始はあり得ません。
　今の「女性の時代の流れ」を見極め、ご本人と会社を鑑定し、アレンジしていきました。

　「やっぱりな…。知っている人は知っていて、セレブは活用している帝王学があるなどと、どこかで聞いてはいながら、真剣に考えていませんでしたが…。やっぱり、本当にあるのですね…。紐解きを受けて理解できました」

　アーティストやプロスポーツ選手は、「身体ひとつ」で、日々を生き抜いています。彼らの自己制御や、生活管理の持続力は特筆すべきもので、少しでも体調を崩すだけで、明日からの収入が途絶えてしまう。
　感性の枯渇は、将来の絶望へと直結する。そして世間が注目する期間はきわめて短い。
　経営トップも同様ですが、自らが全責任を負ってすべてを決定しなければならない、その孤独感や忍耐力、将来への不安感に立ち向かうには、並大抵のプライドでは不可能です。
　彼らが験担ぎや占い、神頼みでさえ、自分の支えとして真剣に取り入れるのは、こういうところに原因があるのです。

「星里奏先生に、『自分の本当の個性に気づいていますか？ 受け入れる勇気がないなら素直に言ってくださいね！ 受け入れる勇気なしでは成功しません』と言われた時、正直すごくムカついたんですね、イヤなことを言ってくるな、と。しかし、自分でもどこかでそれがわかっていたから、琴線に触れたのでしょう。このまま空回りしていてもしょうがない、この先、この業界でどう生き残っていくか、自分が大きく変わる時が来ているのかな、と」

　受け入れる勇気を持ったＲさんは、その後、押しも押されもせぬ国民的スターとなり大成功しました。彼の所属する会社もどんどん成長を遂げ、今では日本を代表するプロダクション企業です。紐解きをしている私も、まるで自分のことのように嬉しくなります。

「新しい喜びは、新しい苦痛をもたらす」とモーツァルトは言っています。
　『嫌われる勇気』という本が流行りましたが、私は「受け入れる勇気」という言葉が大好きで、紐解きの際はどなたにもお伝えしています。
　そして、その受け入れ方は人によってさまざま。葛藤してからの受け入れでも、全然いいのです！　そして、受け入れたのなら確実に実行することは言うまでもありません。

･･･

まあさ　　「一生ひとりって道もあるか…。いや怖い。男はその点羨ましいです。一生モテる」
星里奏　　「人によります」

･･･

創造知能プログラム

あなたの身体は、過去に食べたもので、できあがっています。
あなたの脳は、過去に経験したことで、できあがっています。
人は、過去のストーリーや経験に引きずられます。
「過去がこうだったから、未来もそうだろう」
「あの人に言ってこうだったから、違う人に言っても同じだろう」と考えてしまいがちですね。
「あなた、人類全員と話をしたの!?」と言いたくなりますが、数人との間で起こった事象で、「すべての人がそうなんだ」と、自分自身で勝手にプログラミングしちゃっているわけですね。これは人間不信の一種です。
未来は必ずしも過去の延長線上ではないということを、まず認識することが必要です。
そのために、私が行っている講座では、過去を振り返って、未来にワープして、また過去に行って…というワークをしてもらっています。
これが脳科学、心理学を用い修養を高める「創造知能プログラム」という手法で、個性運命學が帝王学だというコンテンツです。

「創造知能」は、自分が受け入れられない、向き合えないところへフォーカスするのです。結局、受け入れられないことも、向き合えないところも、過去の自分がプログラミングしてきたということ。そこを紐解いていくということですね。
そして、「創造知能」を使って、自分がプログラムしてきたことを書き換える。未来を創造してプログラムを上書きしていくことが「創造知能」なのです。
「紐解き」だけでは変えることのできない部分が、「創造知能」を加えることによって、自分の手で変えられるようになっていきます。
これこそが、自分の手で「運命」を変える、ということです。

変化が楽しくなってくると、チャレンジすることも楽しくなる。そうすると自然に人が好きになってくるし、巡りもうまくいく。タイミングも読めるようになるのです。
誰だって「幸せになりたい」と思っているはず。
ならば、まず過去のプログラムを書き換えて、自分が自分らしい在り方へ変わる勇気を持ちましょう。
統計学が「やり方」であれば創造知能は「在り方」です。
統計学が「アプリ」であれば創造知能は「OS」です。

絡まった人生の糸を
紐解くことで見えてくるもの

　本書で幾度となく登場する「紐解き」という言葉。いつの頃からか気がつけば「紐解く」という表現を使っていました。
　以前は私も「鑑定」という言葉を使っていましたが、まったく違うものなのです。これは一度味わっていただくとわかると思います。

　見た目はきれいに織り成しているようでも、中身のこんがらがっているところを、紐解いていく。自分ですら気づいていない問題点を「原因はこれだったんだ」「じゃあ、どうしたらいいか」と考えていくプロセスが「紐解く」ということで、今までの鑑定の域とは一線を画したほうがいいのではないかと思いました。
　一般の鑑定のように、「あなたはこうです」と決めつけてしまうことに、私はすごく違和感を覚えていたのです。

　たしかに「巡り」や、変えられないものはありますが、それは自分自身のみの問題ではなく、両親や、周りの人からの「流れ」が、すべてのリズムに影響しています。
　そうすると、つながっている糸がいっぱい引き出されてきます。生まれ出て、友達ができ、先生や先輩・後輩ができて、恋人ができたり…というなかで、生まれたままのリズムで、まったくなんの経験もせず、痛みも知らず生きているという人は絶対にいません。
　人間関係のなかで、絡まりたくなくても絡まってしまう関係や、それを引き起こしている「自分の糸」を紐解いてほしいと思います。

　人にはいろいろなバイオリズムがあって、自分の糸、個性の糸、人生の糸、運命の糸…。
　それらを自分らしく紐解いていくと、探している答えは必然と見えてくるのです。
　真のあなたらしさを発見し、真のあなたらしい成幸を味わっていただきたいのです。

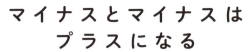
マイナスとマイナスはプラスになる

「紐解き」では、色や方位もわかります。よくラッキーカラーや方位は年によって変わったりもしますが、本当は変わりません。その人にとってラッキーなものは一生ラッキーです。

その逆で、アンラッキーな色もありますが、これは使ってはダメということではなく、アンラッキーな要素を積極的に使うと効果的な時期もあります。それが冬の季節。

マイナスとマイナスでプラスに変えるという発想で、浄化の色になるのです。

これは、冬の季節が悪いといっているのではありません。ただ、冬は寒くて厚着をしますよね。つまり薄着（素）の自分が見せられなくなります。自分の色がだんだん消えていく時期であるのです。だから、洋服を着て厚着をするように、冬の季節はいろいろな経験や勉強、スキルアップに向いています。

同時に、痛みと向き合うことが多いのが冬の季節です。その結果、自分が自分らしくなくなっていくことになります。

実はアンラッキーな色というのは、自分が本当に持っている「本質の色」でもあります。自分のテーマになる色でもあるので、アンラッキーな色がすごく好きだということがあってあたりまえなのです。

たとえば緑が大好きなのに、アンラッキーな色が緑という人がいます。それは自分の本質の色で、もともと持っているものです。

ところが夏の季節に好きな緑を使いすぎると、自分の本質が強く出すぎて、マイナスに働いてしまうことになります。

本来、色というものは補うものです。自分らしくなかったり、元気がなくなったりしがちな冬の季節はアンラッキーな色、それ以外の季節ではラッキーな色を使うことでバランスがとれるようになります。

これは人間関係でも同じで、自分と同じタイプの人と付き合うのは楽ですが、ビジネスを発展させようと思うなら、自分と違うタイプの人も必要です。

悪い時期でもチャレンジする方法はある

　人生には春夏秋冬の巡りがあるので、エネルギーが弱くなる時期があります。しかし、悪い時期だからと言って諦めてしまわないのが、「個性運命學」の最大の特徴。ちゃんと対策方法を持っています。

　バイオリズムが低迷中の時期でも、側近や人事の組み合わせなどを見て、「この人の主導で動きましょう」というような方法で、最悪の状態を回避できるのです。だから、絶対にダメということはありません。巡りや流れには、必ず神様や宇宙のヒントがあります。自分の運気が不利であっても、周りの人の巡りや、バイオリズムを活用することによって改善できます。

　実際、私のところに来られる政治家の方で、冬の季節でエネルギーが弱まっている時の選挙でも、ずっと勝ち続けている方がいます。たしかに春夏秋冬で言えば、冬の季節は大変です。

　この政治家の方は、人としても大変立派で、バイタリティに溢れた素晴らしい方です。常に情熱を持って、人々のために一身を捧げていらっしゃいます。しかし選挙の時期は、連日選挙一色になってしまって、進めるべき仕事が停滞してしまうと、いつも潰れた声で愚痴をこぼしておられます。

　でも、大変だけどチャレンジすることが、その後の人生を豊かにすることもあります。後悔するよりは全力で挑むこともひとつの選択。私も紐解き師として、選挙の負担を少しでも楽にしてあげたいと、ベストを尽くして応援します。

　それにしても、政治家の方々は、当選するためも含めて、目的を達成するためなら、反道徳的で違法じゃなければなんでもやる、という姿勢が感じられる。いいですね。目的を達成なさる人に、この突破力は必須です。験担ぎなども必ず行いますね。政治家の場合は、冬の季節でなくても、選挙に関する私のアドバイスは、「今日の選挙カーはこの方角へ」「この人を同乗させたほうがいい」ということまで細くお教えします。そして、実践してくださる方はやっぱり勝利するのです。

　もちろん、ベストを尽くしてもダメだったこともありますが、本当はやりたいのに、やらないよりはいい。また冬の季節の失敗は、それがプラスの経験として、あとで何百倍もの利益となって返ってくるのです。

　そういう意味では、私は冬でも背中を押してしまう紐解き師（笑）。「冬だからチャレンジしない」ではなく、「冬にどうチャレンジするか」ということが重要です。

　そのチャレンジに合った準備や道のりを示すのが、私の役目だと思っています。「冬は悪くない」「悪い時期などない」のが個性運命學です。

第 5 章

成幸する男、衰退する男の分岐点

まず、自分を知り人間力を高めよう

　数年前のことです。同じ時期に、ふたりの若い男性が紐解きを受けにやってきました。
　他人同士ですが、似たような年齢で、勤め先は同業で他社、背格好も似ている。
　とはいえ、もちろんふたりの生年月日は異なるし、神のタイプも違う。そして性格は正反対。それゆえ紐解くことも一様ではないですが、その後のふたりが進むことになる、まったく違った結果を紹介します。

　とても陽気で積極的だったのは、「五の海の神」であるY君（28歳）。
「へぇー、すごい、わかりました。うん、それいいっすね。そうします」
　と言いながら終始、明るい態度で鑑定に臨み、意気揚々と帰っていく。
　それに比べて、「六のオーロラの神」であるS君（29歳）は、「はい、はい」と答えはするが、なんだか元気のない、静かな雰囲気。

　その後1年が経ち、2年が経ち…。
　静かなS君のほうは、年に1回程度のペースで、前回の紐解きのことをしっかりと実践しながら、次の紐解きに臨んでくれる。
　ところが、陽気だったY君のほうは、1度鑑定を受けて以降、どんどん落ち目になっていった。そして落ち目もどん底か、という状況へ至って、2度目の鑑定に来た。

「原因はこういうところですよ。この時、お伝えしたことを実行されましたか？　彼女を大事にしましたか？　この時、その勉強を始めましたか？」
と聞くと、「時間がなくて、やってない」という答え。
　Y君のバイオリズムを考えて、「これは今やらないとダメ、ここに力を入れるんですよ」と伝えているにもかかわらず、
「わかってます、わかってますって。大丈夫っすよ、それくらいやれますよ。いま自分は良い運気のところなんですよね？」
　と、自分を正当化するためだけに私のところへ来る。挙句に、
「彼女に逃げられました。すげー落ち込んじゃいます。好きだったのになぁ。やっぱ自分は、運が悪いっすかね」と言い出す始末。
　彼女のバイオリズムも説明し、素直に謝るように伝えると、なんとか破局はまぬがれたようだが、おそらく長続きはしないでしょう。
　女性は男性と違い、「別れる」を駆け引きに使ったりしない。言い出したら、ほぼ最後である。

そういう私の話さえ、「そうすかぁ？　大丈夫っしょ」と、最後まで聞こうとせず、ひたすら自己流を貫こうとするのだ。

　一方、S君はどうしていたか。
「先生、ありがとうございます。昇進試験に合格しました」
「今の彼女と結婚しようと思ってます」
「広いところへ引っ越そうと思うのですが、方角とか時期とか、どうしたらいいですか？」と順調そのものである。
　私の「引越しは今じゃなくて、半年先がいいですね。結婚も来年に持ち越せるなら、来年の2月以降がいいですね」という鑑定にも、「わかりました、2月以降…」とメモし、素直に聞き入れ、その通りに実践している。
　紐解きを受けにくるペースは、相変わらず年に1回程度だが、私が話したことをしっかりと実践し、次に来る時は必ず形にしてくるので、彼自身もどんどん成長しているのが見た目でもわかる。

　Y君に話を戻すと、
「結局フラれました。なんだよあのバカ女」
「先生、調子はどうですか？　僕ができることがあったら、なんでも言ってください」
「先生、近頃地元じゃ有名っすよね？　僕も鑑定とか勉強して、やってみようかな」
　などと、調子のいい連絡はくるが、いっこうに紐解きには来ない。
　不幸はすべて人のせい、人のやっていることは自分もすぐにできる、のはずがない現実を受け入れる、痛みを伴うことが耐えられないのですね。このような調子では、職場での存在感も想像がつきます。

　その後のY君は、冬の季節を迎えようとしていました。そして、どん底までいくと、ようやく紐解きに来て、指摘をしても、
「そうすかね〜？　自分、運が悪いんすよね〜」と、反省どころか、さらに自己正当化を強化して帰っていくのだ。

　男が「自分はいつも運が悪い」「タイミングが悪い」などと口にするのは、精神分析的には「自分は人より実力がある」と言っている、と見なされる。
「いつも周囲が邪魔をしたり、運の悪さで、自分の本当の実力を発揮できないでいる」という思い込みを主張したい、裏返しの言葉なのである。
　なんとも切ない話だが、実はこういう男はとても多い。
　同じように紐解きをしていても、鑑定を受け止め、実践するのは本人自

第5章　成幸する男、衰退する男の分岐点　　081

身。受け入れる勇気、向き合う心を持たないと、いくら紐解いても、どうすることもできない。

　初対面では明るく人生を送っているように見えたY君と、静かな感じのS君に、数年後にこれほどまでの差がついてしまうのはそこに原因がある。

　男の場合、ただ陽気でありさえすれば、何も考えなくていいはずがないのだ。

　その後、Y君からはしばらく連絡がありませんでしたが、メールが1度だけ届きました。

「鑑定を教えてもらう件、どうなりましたか？　かなりアテにしてたんですけどねー。もしダメそうなら連絡ください」

　なんともはや、つける薬もない。

　人に頼みごとをするなら、面談に来るか、せめて電話をよこすとか、礼儀というものがあるだろう。しかも「連絡ください」とはね。バカらしいので放置していますが、それが最後で、連絡はありません。

　自分がわからず、あのまま生きていっても、世の中から相手にされるとは思えません。おそらく堕ちるところまで堕ちるでしょう。しかしまぁ、試練こそが人を育てる、かも。何度か堕ちればそのうち懲りるかもしれません。冬は学びの季節なので、ぴったりですね。

　そして、変わらず淡々と、年に1回紐解きを受けに来るS君。

　結婚して子供もできて、堅実な仕事ぶりが評価され、会社での昇進も同期でトップだそうです。

まあさ　「お客さんから聞いた話だけど、モンゴルだかアフガニスタンだか、むかし、男の器量を見るのに馬を使ったらしいわよ。馬の前に立たせて、馬にバカにされるか、馬が服従するかで、人物をはかったそうで」

星里奏　「それキビしい。私も馬飼おうかしら」

自撮り

　突然ですが、自撮りする男は成功しません。断言します。
　ここでいう自撮りは、自分を自撮りするのに加え、食べ物やペットの写真、子供の写真をSNSなどを通じて他人に見せびらかす行為も含みます。
　子供や女性がやるのは、許されます。子供がやることは無邪気で可愛らしいし、女性も嬉しさや喜びが伝わってきて、場が陽気になりますからね。

　しかし…、男が自分の顔を自撮りして見せびらかすのは、不気味なだけです。
　食べ物にしても、出てきた料理にスマホを向けて写真を撮っている姿は、レストランによってはマナー違反であるにもかかわらず、それがノルマのようにどこでもなんでも写真を撮る男の品のなさに、お店の人も苦笑するしかありません。それがB級グルメのお店でも、そこへ来たことがそんなに自慢なのでしょうか。毎食、食べたものをアップする男がいますが、他にやることがないのでしょうか。
　アメリカのTIME誌が米国内の経営者や高位役人などエリート1000人にアンケートしたところ、「Facebookを見るのは時間の無駄」と答えた人が67％を超えています。その反面SNSは必要だ、という人も60％。
　顕示欲を満たしたいがための投稿は、近頃は義理チョコならぬ、義理「いいね」の要求か、そんなものばかり見せられるなら、たしかに時間の無駄です。

　それに、子供やペットの写真をSNSにアップすることは、危険極まりない行為です。いつどこで何をしていて、子供はこのような人相で…。今の時代、誰が見ているかわかりませんから、犯罪者にもアピールしているとは考えないのでしょうか。

　また、昨今のテレビ局や新聞社は、犯罪の容疑者の名前がわかればまずネットを検索します。一昔前であれば、出身校を調べてその同級生に電話をかけて卒業名簿を貸してもらうか売ってもらうかしていました。50歳の容疑者が学生服を着ている写真で滑稽なのは、もう昔。今はデスクにいながらにして調べられるのです。
　FacebookやX、YouTubeなど、本人の写真や動画がアップされていれば、同意もなくそのまま取り込んで全国放送で大公開。本当に犯罪者であればそれも致し方ないですが、問題なのは冤罪であった場合です。

事件とまったく無関係であっても、自分は犯罪なんてしないから、なんて思っていても、もう遅い。ウケを狙ってアップしたふざけた動画が、あなたそのものとして全国へ紹介されるのです。間抜けなチャラ男だ、極悪そーなサイコだと、日本中の人があなたを認識するのです。
　そしてそれが冤罪で、間違いであっても、その謝罪はほとんど期待できません。
　こんなことに、男は油断してはいけません。

　また、風景写真でも同じですね。そこへ行って素晴らしい景色に出会ったら、存分に味わい、記憶に焼きつける。写真を撮って思い出を残すのは構いませんが、写真は写真。実際に体感するのとはまったく異なることですね。

　だから、成功している男って、子供の運動会などでもビデオカメラを回しません。むしろ、二度と来ないその瞬間を、子供と一緒になって楽しんでいる。だからカメラのボタンを押すことなんて忘れてしまう。
　それで奥さんからは「なんで撮ってないのよ!?　意味ないでしょ」と怒られてしまうという話を、エグゼクティブの方からよく聞きます。
　でも、それって素晴らしいことだなと思いますね。写真に残すことより、「今」を味わって楽しめる。そういう人は、人に対する思いやりがあって、結果として成功している。男としても一流です。

まあさ　　「なんかインスタ、ヤバい。ＦＢのほうがマシ」
星里奏　　「食べ物とかペットばかりよね」
まあさ　　「違う、バーキン買ったとか、ケリーとか、自慢ばっか」
星里奏　　「私の友達にそんな人いないよ」
まあさ　　「えー、そうなんですか？　私友達が悪いのかな」

腕を組まない

　初めて「紐解き」にいらして、その人がうまくいくかどうかは、座り方ですぐにわかります。ちゃんと話を聞こうと思っている人は、男性でも女性でも姿勢を正して座るもの。

　時々、腕を組んで、足も組んでふんぞり返るように座る男性がいるのです。見た瞬間、「こりゃダメだわ」と思いますね。腕を組んで座っているのは、どう考えても人の話を聞く態度ではないですから。
　それで「先生はいつ来るの？」と、私に聞くのです。たぶん私の見た目が、「先生」というイメージではないからでしょうね（笑）。
　そこで「私です」と答えると、びっくりして、姿勢を正して「よろしくお願いします」と言える人は、ちゃんと「紐解き」を実行してくれる人です。
　でも、私が紐解き師だとわかっても、変わらず腕組みのままの人は、1回きりの紐解きで終わることが多いし、うまくいきません。

　私は、依頼人様を紐解いて、依頼人様の人生がよくなるお手伝いに臨んでいるのであって、何かの試験や討論を受けるためにお会いするのではありません。
　依頼人様も、疑いの気持ちで臨まれるなら時間の無駄ではないでしょうか。
　ご自身の人生を改善したいという強い思いを持って話を聞いていただけるなら、両者の望みが合致し、素晴らしい力が発揮され、初めていい方向へと展開していくのです。
　聞く態度、姿勢がいい人は、お会いした時点ではうまくいっていなくても、必ずうまくいくようになります！　これは私の統計でも証明されていること。

　こういった礼儀やマナーは、多くの人が無意識のうちにとってしまう行動ですが、実はそれこそが運命を左右する重要なファクトなので、ご自身の意識がどこにあるか、自分でもチェックしてみましょう。

真似師

よく「夢は諦めなければ叶う」と言いますよね。
本当にそうでしょうか？
たとえばセンスもないのに、プロ野球選手になりたいという夢を持って、40歳を過ぎても、それで思い悩んでいるとしたらどうでしょう。
または、40歳を過ぎて、「俺はロックに生きる。夢はミュージシャン！」とか？

そんなバカな、と笑うかもしれませんが、そのようなことが実際にあります。
諦めなければ叶うと信じて、ずっと長年苦しんで耐えて、自分を責める。できない自分がダメなんだ、まだまだ努力が足りないんだ、けれど夢を諦めない！　またもがいて…というスパイラルに陥っています。

よくある成功法則では必ず「夢を持ちなさい」「夢を語りなさい」「なりたいモデルを探しなさい」と言われます。これは典型的な成功法則の罠ですね。
けれども、他人の成功法則を単に真似たり、他人の成功の結果に憧れてみても、うまくいくはずがありません。

そもそも「自分の夢」というのは「自分の個性を活かす夢」という意味です。自分は一体どんな個性なのか…。それを知ったうえで、詳細な行動計画を立てて実行していくのが成功への道です。
成功者を羨んで、現実や自分自身を受け入れられないのは、典型的なダメンズの姿ですね。
自分の個性を知らず、やみくもに夢を追っても、自分を疲弊させるだけだということに、早く気づきましょう。

まあさ　　「まぁ、たくさん遣っていただいちゃって」
星里奏　　「……でも、銀座って金銭感覚おかしくなっちゃうね」
まあさ　　「金銭感覚だけじゃないよ。銀座って、変なお客さん多いけど、面白い人多い。男の人の感覚もおかしくなっちゃうよ。昼間、普通の男としゃべると、ぜんぶ時間の無駄って感じ」
星里奏　　「まぁねぇ。選ばれた人が来るって感じだものね」

聴き上手

　経営者、政治家、芸能人、スポーツ選手…。それぞれの世界で秀でるというのは、人の注目を浴びることであり、当然、話術にも長けている人が多いと思いがちですよね。
　けれど、実はそれ以上に、聴き上手な人が多いのです。そのうえ、ただ聴くだけでなく、相手を気分よくしゃべらせることができます。

　これは、ある老舗大企業の社長室に招かれて、社長様の「紐解き」をした時のこと。
　社長様からの相談は5分くらいで終わって、あとは社長様の相槌にリズムよく乗せられ、私が一方的にいろいろなお話をして帰って来た、ということがありました。

　私が話している時に、
「はーあっ」「ひゃ〜」「ふーむ」「へぇぇ」「ほぉ」
「さすが」「知らなかった」「すごい」「ぜひとも」「そうそう」
　と、絶妙に合いの手を入れてくださるので、こちらもついつい気持ちよくしゃべってしまうのですね。

　成功している人、一流と呼ばれる人は、本当に傾聴力が高いと思います。「はひふへほ」「さしすせそ」を、完璧に使いこなします。
　自分が話している時に、相手からこんな言葉が返ってきたらうれしくなりませんか？
　自分が気分よくなる反応や、うれしくなる言葉を、自分がまず相手に言ってみる。芸人さんではないけれど、リアクション上手は成功への扉を開く秘訣です。
　コミュニケーションは、上手に話すのではなく、上手に聴くところから始めましょう。話し方のスキルばかりにフォーカスしても、人に聴いてはもらえません。

まあさ　　「コメとか無理」
星里奏　　「じゃなに食べてるの？」
まあさ　　「肉。チョコ。サラダ。」
星里奏　　「ウヘ」
まあさ　　「チョコのみで1ヶ月、これは痩せますよー」

お金の使い方

まあさ 「意外っていうか、ほとんどの男の人って知らないようだけどさ、女にいちばんモテない男って、ハゲでもデブでも不潔でもなく、ブサイクでもおもしろくない人でもなく、ケチな人です」
星里奏 「そうかしらねぇ？」
まあさ 「じゃあ先生、髪の毛のない人とケチ、どっちがイヤ？」
星里奏 「ケチ」
まあさ 「太った人とケチは？」
星里奏 「ケチ」
まあさ 「不潔な人とケチは？」
星里奏 「不潔かー！ …ケチ」
まあさ 「ブサイクは？」
星里奏 「ケチ。男の人は、外見はどうでもいいよ」
まあさ 「じゃ、カラオケのうまい人は？」
星里奏 「それすごい要らない」

　お金の使い方と成功はリンクしています。
　うまくいくのは、お金をそこそこ使う人。しかも「自分のために」使う人が多い。
　ただし、ここで言う「自分のため」は、自分の見栄や欲求を満たすという意味ではなく、自己投資できるということです。女性は、何か買って〜というのは本命ではなく、そういうところを見ています。

　それと、「出すべきところで出す人」。
　成功しない人は、出してはダメな時に出す、出さなければいけない時に出さない。自分のリズムと周りのタイミングがまったく読めていないのですね。

　紐解きに来られた方から、間違ったバイオリズムの時期に、「ここでお金を使おうと思うんだけど」と相談され、「今ではないですよ」とお伝えし、理由を説明していくと、だんだんご自分でタイミングをつかめるようになります。

　私は依頼人様に銀座の高級クラブなどに連れて行っていただくこともあるのですが、そういうお店には「いい気」のようなものが漂っていて、その場から生まれるチャンスもあります。

そういうお店には綺麗な女性がたくさんいますが、どうせ行くなら自己満足を満たすためではなく、自己成長につながる場。

　さらに、人生経験が浅いうちは、自分を成長させてくれる人と一緒に行くのもコツです。小遣いをはたいてキャバクラに通っているうちは、まだまだでしょうね（笑）。

　ただしお金というのは、自分の個性によっても使い方が変わります。ですから、一概に「こういう使い方が成功します」とは言えないのですね。

　投資でお金を増やしたほうがいい人、健康面にお金を使ったほうがいい人、貯蓄に向いている人…と、人によってさまざま。

　そこで大切なのが「自分の個性に合った使い方をする」こと。自分の個性とは何かというと、詳しくは第3章の「十二神」でチェックしてください。

　よく「生きたお金の使い方をする」と言いますが、これはまさに「個性に合ったお金の使い方」のこと。

　あなたは自分らしくお金を使っていますか？

まあさ　「インスタで、ブランドちらつかせる方々いらっしゃるでしょ、主婦」
星里奏　「いないってば」
まあさ　「友達で金持ちと結婚した子、みんなそう」
星里奏　「それって、お金持ちだけど貧しい」
まあさ　「でも、その心の貧しさの争いが、女です」

自分でティーアップ

「ティーアップ」。ゴルフをされる方はご存じだと思いますが、ティーの上にボールを乗せることですね。

ビジネスでもたとえとして使われる用語ですが、ティーアップは人や商品の価値を上げること、事前に場作りをすることです。

一般的には、ビジネスのティーアップ（人の紹介、場の準備）は、自分でやるより他人にやってもらうほうがいいと言われます。

初対面の人には、紹介者に自分のことをまず紹介してもらい、繋いでもらう。お膳立てしてもらってから、その場に登場するほうが、うまくいくとされています。

ところがある時、「ビジネスのティーアップも、自分でやるんだよ」とおっしゃる経営者の方がいました。

「ゴルフの時は自分でティーを立てるでしょ。それなのに、なんで仕事の時は他の人にやってもらうの？」と。

そう言われると、たしかにそうだと思い、「じゃあ、ビジネスのティーアップも、自分でやったほうがいいということですか？」と聞き返したのです。

「自分のことは自分で話すのがベストだよね。たとえば、僕は星里奏さんの専門的な話なんて、うまくできないじゃない。星里奏さんが自分で話すに越したことはない。そこで、星里奏さんが登場する前に、星里奏さんが自分でティーアップしやすい環境を作ってあげるのが、周りの人の役割なんだよ。本来はティーアップって、そういうものじゃないかね？　最初からぜんぶ人任せ、という考えの人はうまくいかないよ」と教えてくれました。

ビジネスにおけるティーアップは、その場の空気を読むということ。それが上手にできる人は、やはり人間関係もうまくいくと思います。

これまで「ティーアップは人にお任せ」と思っていた人も、これからは「自分でやる」という風に意識を切り替えてみましょう。

レシートを見せる

　私がお会いする多くの成功者に共通しているのは、「人を育てるのが得意」ということ。次世代を育てようとする人が多いので、若い人を連れて飲みに行くことも多いですね。

　銀座の高級クラブでご一緒させていただいた時、こんなことがありました。その社長様は会計の際に、他の人が「出します」と言っても、「いやいや、ここは」と、スマートに出してくださいます。これはよくある光景。
　そのあとが違うのです。普通ならレシートを受け取った時、周りに金額は見せないようにしますよね。でも、その社長様はわざとみんなに見えるようにして、見ない人がいたら「はい、見て！」と見せるのです。
　そこで私はすぐに「え〜、なんで見せるんですか？」と質問しました。疑問に感じたことは、そのままにしておけない性分なので（笑）。
　すると、その社長様の答えはこうでした。
「彼らはこれから成功していく人たちなんだよ。成功する人は、お金の使い方がキレイじゃなきゃね。こういうお店は、何人でこれくらいかかると把握しておかないといけない。会社の場合は経理と相談だしさ。たとえばこの店なら、座ったらとにかく5万円。ひとりなら10万前後。さらにひとり増えるたびに5万増える感じ、と。そして連れの女性はタダ。だから星里奏先生の分は料金かからないの（笑）。今日は男3人に女ひとりだから20万円。銀座のクラブは、そういう金額なんだと覚えておけばいいんだよ」。

　そして2軒目のバーでお会計のあと、またレシートを見せてくれたのですが、今度は1万3000円と、意外と安かったのです。
「この店は、実際に何杯飲んだかって計算ね。どういうお店がどのくらいかかるか、わかるでしょ？　レシートを隠す人もいるけど、せっかくお金使うんだから、僕は若い奴らに見せときたいんだよ。物怖じというのは、高いからするんじゃなくて、幾らかわからないからするんだから」という社長様の言葉に、なるほどと思いました。たしかに次に商談や接待などで使おうと思った時、どのくらい用意すればいいかを部下は学びますよね。

　もちろん、レシートを見せないほうがいい場面もあります。それは本当に相手をおもてなししたい時。そういう時は、しっかり隠してください（笑）。
　レシートは見せないのが常識ですが、あえて見せることで部下を育てることもあるのですね。成功している人はステレオタイプではない、「自分の美学」に基づいて行動することができる人です。

がっつかない

　世の中には、うまくいきそうでうまくいかない人がいます。
　それは一言で表現するなら「信じない人」。

　紐解きをして、その方の個性の特徴をお伝えすると、「これは当たってるな、それはハズレてますね」などという人がいます。
　これが、ご自身をわかっていない最たる例ですね。そして受け入れる体勢もできていない。自分の思い込みと、自分がわかっているのとでは、大きな違いです。

　たとえばある時、「三の火の神」の依頼人様に、その特徴をお伝えしました。
「質問好き、プライドが高い、ケチ、人間関係が苦手、嫉妬深い、勘違いしやすく、冷めやすい」などですね。すると、
「質問は好きです。プライドは別に高くないですけどね、ケチではありません。人間関係が苦手ではないですが、人間嫌いなんです。嫉妬深くはないですね。勘違いなんてしないですが、冷めやすいのかな、どうなんだろ」といった反応。
　この方は、奥様が浮気しているのではないかという疑いの相談で訪れた男性です。お話を伺っていると、ご自分の自尊心があって本人に問いただせない、という内容で、また、もし事実なら、理由が理由なので、離婚に発展した際の財産分与は絶対にできない、とのことでした。
　私はすべて当たっていると思いますが、皆さんどう思いますか？

　こういう人は、助けてほしい時だけ私のところにやって来て、アドバイスされたことをやってみて、一時的にはうまくいくのです。でも調子がよくなってくると、私の話なんてまた忘れてしまうのです（笑）。

　こういう方もいらっしゃいました。
「今、億稼いでいて、これから毎月このくらい入ってくるから、自社ビルを建てます」
「いやいや、それはまだ早急です。落ち着いて交渉して、この月に契約して…というバイオリズムですから。もう少し調べてからにしてください」
「いや、もう契約とか決まっているから」
「そうですか…」
　紐解きではなく自慢話に来たのか、と思いましたが、今その方の会社は

大変な状況になっています。人は波に乗っている（と思っている）時、なかなか他人の意見を聞き入れられないものです。感情や欲求にとらわれて、目先のものに乗せられてしまうのです。

　だから、その先で崩れてしまう。けれど、うまくいく人は、その先が読める＝信じられる人。自分の先行きが信じられる人は、目先のニンジンには飛びつきません。

　これはビジネスだけでなく、男女関係にも言えます。目の前に現れた女性にすぐ手を出しちゃう男性っていますよね。
　でも、自信を持って言えるのは、「目の前のニンジン…目先のお金や甘い言葉につられてしまう人は、成功できません」。
　最終的には、余分なお金まで支払う羽目になったり、痛い目に遭うだけで、肝心のメイン（成功）までたどり着けないことになります。

　自分の命（個性）を知っていれば、目先の損得勘定はしなくなりますね。

まあさ　「若い男は、がっつくからいやだね。その点おじいさんは優しいよ」
星里奏　「大人は、体力の無駄遣いしないんだろうね」

相手の時間

「時間」を大切にする人は、「お金」も大切にします。たとえば私の「紐解き」は、1時間5万円。そのなかで「なにがなんでも元をとってやろう」みたいな人もけっこう多いです。「まだ5分ありますよね」「あと1分ですか？」と気にされながら、始まりから終わりまでみっちりという感じで臨まれます（笑）。

でも、時間を大切にするというのは、そういうことではありませんね。

大勢の依頼人様を見てきたなかで、成功する人は、自分が紐解いてもらいたいことがわかればもういい、というスタンス。だから、15分や30分で終わってしまう人も多いのです。それで残りの時間は何をしているかというと、雑談。

ただし、雑談と言っても、いろいろな意見交換で、結局は「紐解き」も入っています。一見雑談のように見えることも、楽しめる心の余裕があれば、新しい何かを生み出していくのです。

時間というのは誰にとっても貴重なものです。お金は時間そのものが形になったものといっても差し支えありませんね。

かといって、ビジネスの場ではなく、プライベートの場で、ポイントを貯めないと損だとか、お釣りが間違ってないか？　とか、1円でも得しようなどと考える男に成功者はいません。1000円の商品に、1000円の価値があると納得して、1000円札と交換するなら、それでいいではありませんか。そこで100円分のポイントをせっせと貯めるために、また同じところで買い物をするのですか？　男は、そんなしがらみを持ってはいけません。

ある社長様が言っていました。商売は、1000円儲けるのも、10万円儲けるのも、同じ手間だよと。

ちまちましたことは女性に任せて、男ならもっと大志を持ってもらいたいですね。

時間の使い方でも同じこと。そこで「男の器量」がわかります。

自分が買った時間なのだから「全部聞き出してやろう」と思うのか、「聞きたいことを聞いたから、残りの時間は休んでていいよ」と思えるのか。

その心の余裕が、その人自身の分岐点になるのです。

「休んでていいよ」と言える人は、部下や他の人に対しても思いやりがある人ですよね。結果として、そういう人がうまくいかないわけがありません。

内助の功のウソ

「内助の功」という言葉があるように、夫を陰で支える妻がいいというイメージがまだまだあると思います。でも、私に言わせれば、それはウソ。

依頼人様の統計をとっても、うまくいっている社長様のところは、奥様も自由なことをしています。そして、社長様は「うちの奥さん、今日からドイツに行っちゃったよ」と笑っていたりします。

もしくは、奥さんがしっかり一緒に会社に入って、喧々諤々、ぶつかり合いながらも、きっちり手綱をとっているか、どちらかです。

いずれにしても、奥様が家で完璧に家事をこなして、子育てをして、三つ指ついて出迎えるような家庭で、仕事がうまくいっている社長様を、私は見たことがありません。

ある社長様のお宅へ紐解きにお邪魔した時のことです。家の中は綺麗に片付いていて、掃除も行き届いている。
「すごく綺麗に整頓なさっていますね?」と質問すると、たいてい「自分で掃除しています。汚いの、ムリなんです」という答えが返ってきます。
「洗濯もするし、ご飯も作るよ。うちの奥さん、片付けが下手くそだからね」と笑っていらっしゃる。

普通の男性なら嫌がりそうなことも、あたりまえにやっているのです。

だから、「放ったらかしの旦那さま」のほうが、実は仕事も家庭もうまくいっていることが多いのです。

まあさ 「どうして男って、支配しようとするの?」
星里奏 「余裕がないんじゃないの」

柔軟剤の匂い

　数年前に急成長を遂げた会社の社長様とお話ししていた時のことです。「うちは匂いのする柔軟剤は使わないんだ」とおっしゃるので、「なぜですか？」と聞きました。
　すると「昔、僕を育ててくれた先輩から、『男は柔軟剤の匂いをさせてはダメだ』と言われて以来、柔軟剤の匂いをさせないようにしています」と。その時はよくわかりませんでしたが、それから男の人の匂いを気にするようになりました。

　電車に乗っていると、たまにふわっと柔軟剤の匂いをさせている人がいますね。サラリーマンの方に多いかもしれません。それは良い悪いではなくて、まだ「人として突き抜けていない」からなのです。
　でも、うまくいっている社長様は、やっぱり柔軟剤の匂いはしない。匂いがしても、品のいい香水の香りをほんの少しか、まったくの無臭かのどちらかです。

　それである時、社長様たちの集まりで、柔軟剤の話をしてみました。すると「そう教えてもらった」「僕も強い香りのする柔軟剤は使わない」という方が多かったのです。理由を尋ねると、「女の人に言うべきかどうかわからないが…」と前置きをしたうえで、「男女関係になるかどうかはさておき、男から"家庭の匂い"がしたらダメなんだ」と。
　つまり、男は外に出て行く時、「家庭はあっても家庭の匂いはさせない」ということのようです。

　これはビジネスにも通じることで、男子の覚悟の問題と言えます。柔軟剤の匂いは、いわば家庭を背負っている匂い。たとえ家庭を背負っているのが事実でも、外で闘う男は、そんなことを顕示してはいけません。だから柔軟剤の匂いはさせないほうがいいというわけですね。
　余談ですが、以前、名古屋駅で歩いていたら、前を行く男性からとってもいい香りがしたのです。「わっ！　なんだ、この香り!?」と思って、お顔を見たら、なんとサッカーの三浦知良選手だったのです。香水の香りなのか、オーラの匂いなのかはわからないけど（笑）。
　「ああ、一流の人はやっぱりいい香りだ」と実感しました。

「知らない」ことを知っている

　私はいつも依頼人様の個性やバイオリズムを拝見し、その人がベストな未来を選べるように紐解いています。でも残念ながら、「紐解き」を受けてもうまくいかない人もいます。それは一度しか「紐解き」を受けない人。
　そういう人はたいてい「（誰かから）言われたから来ました」から始まります。そして決まって言うのは、「それ知ってます」というセリフ。こちらにしてみれば「知っているなら来なければいいのに」と思いますが（笑）、最初から聞く気がないのですよね。

　とは言え、私自身も最初に統計学の鑑定を受けた時、「私はこういうものは信じません。聞くこともないですが、お願いします」と言いましたから（笑）。受けてみたらよかったと、受け入れる人もいます。なので、スタートはどうであってもいい。
　ただ、本当に一度で終わってしまう人は、反芻の重要性を知らないのです。最初の態度が悪くても、また来る人は見込みがあるけれど、一般的な「占い感覚」で来られて、「それ知ってます」「ああ、はいはい。わかっています」と言う人はうまくいきません。

「占い」「鑑定」「紐解き」というのは、階層になっています。
「占い」は、生年月日などのデータを使って、自分のタイプがわかる。
「鑑定」は、「占い」でわかったことをベースに、詳しく活用する。
　でも多くの鑑定師は、そこで裁いてしまおうとする。「ダメです」とか「向いていません」とか、極端な場合「死にます」とか（笑）。「じゃあ、一体どうすればいいの？」という救いの手が、「紐解き」にあたるのです。
　ただ、経営者って、虚勢を張らなければいけないシーンも多いですよね。どこかで"強くあらねばならない"ということをインプットされています。私のような年下の女に指摘を受けること自体、抵抗があるのかもしれません。それでも、困っているから私のところへいらしたのだろうし、せっかくなのだから、何かを得ていけばいいのに、と思います。

　何を言っても響かない、聞く気がないのだなということがわかったとしても、それでもなおチャレンジするのが私です（笑）。目の前の相手には常に全力を尽くします。それによって、その人が心を開いて、聞く耳を持って、一歩を踏み出してくれる時は本当にうれしいです。
　「それ知っています」ではなく、「もっと詳しく教えてください」と言える人になってほしいと思います。

短所も武器にしろ

　人は誰しも、長所と短所を持っています。長所を使えば、自分の武器になります。魅力やセールスポイントになります。けれど、やりすぎると凶器になってしまうのも長所です。
　では、短所はどうでしょうか。

　ある依頼人様で、歯科医院の先生がいらっしゃいました。
　この方は自他共に認める大変な変わり者の先生で、地元では有名人です。依頼内容は、「ダイエットすることなんて、できますか？」という質問。この先生、毎晩繁華街に繰り出しては、キャバクラで誘った女の子を従えての、飲めや歌えの大宴会、暴飲暴食。それで、どんどん太ってしまい、体が苦しくて仕方がないので、どうしても痩せたいとのこと。
　学会でも、この先生は変わり者の評判で、ただし、歯科技術であるレーザー治療や骨移植インプラント、セレックの活用など、新しい歯科技術を導入することには大変マニアックで勉強熱心であるのに、夜になると飲むことばかり考えていて、医院経営を真面目にやろうとしない、というので有名なのだそうです。
　そこで、紐解いた結果、「これから毎週一度、歯科医の後輩でもなんでも構いませんので、同業者の医院の方へ、技術紹介や指導をなさってみてはどうでしょう。ただし、無償で。その代わり、ダイエットが成功する指導教官を先生につけて、無償でダイエットをお手伝いします」と提案しました。
　「なに？　ほんとう？　そんなことならなんでもない」と、先生はさっそくやり始めました。
　すると、たちまち地元の他の医院の先生やその患者様から評判になり、「あの先生、単なる変わり者だと思っていたら、すごい知見だ」「うちにレーザーの指導に来てくれた」「まだ日本では認可されたばかりの技術だから知っている人間が少ない。おかげで患者が増えた」という。しかも礼も取らないものだから、皆が感心して、おやつや手土産を差し出してくる、けれどダイエット中のものだから、それに手をつけない。夜になると、飲みに誘われたり、食事会に呼ばれて講演を頼まれたりするが、内心は早くキャバクラへ行くことでそわそわして、そこでも食事に手をつけない。その遠慮深さに、いよいよ医者仲間が感心して、そんな高潔な先生がいるなら、こっちにも来てもらえないか、あっちにも来てらえないか、と、地元ばかりでなく県外からも引っ張りだこになり、そうすると張り合いがあるものだから、いよいよ酒も飲まなくなって、評判を聞いた患者が、自分

の医院にも押し寄せ、スタッフも増員し、ますます忙しくなって、見事に痩せたのです。

　本当は、うちの協会のコーチングスタッフに体育教師の有資格者がいるので、その人に指導を頼もうと思っていたら、その必要もありませんでした（笑）。

　一般的に、短所はダメなもの、直さなければいけないものという風に教わってきたと思います。しかし、その人を取り巻く環境や立ち位置が少し変わるだけで、短所は長所にでも何にでもなるのです。これも「機を捉える」ということであると思います。

　だから、紐解きでは、「短所をこんな風に生かすことで武器になるよ」というアドバイスをするのです。

　ただし、短所を武器にするためには、多少なりとも改善や努力が必要です。ところが、そこに向き合いたくない自分がいる。そうすると、やっぱり避けてよけて、逃げてしまうのですね。

　改善や努力には痛みが伴います。だからいつも「できない理由」を考える。自分を正当化しようとする人はすごく多いです。そういう時って、できない理由って何百個でも思いつくことができますから（笑）。

　でも、それだと、短所は短所のままで、時には長所まで凶器に変えてしまうのです。これはとてももったいないですね。自分の個性を生かすチャンスを逃しているのです。

　自分を正当化する前に、まず目の前の問題と正面から向き合う勇気を持ちましょう。

まあさ　「この歯医者の先生は銀座へ行くほうがいいですね」
星里奏　「そうは言っても、名古屋の人だからね」
まあさ　「キャバ嬢はその日だけが勝負だから。高い酒を入れられまくるよ。私らは、そんなことしません」
星里奏　「そういうもんなの？　意外」
まあさ　「銀座は長いお付き合いが目的だから。小銭に用はない。長く付き合って、どーんと買ってもらうのよ」

即実行！

　成功する男の条件として外せないものに、"行動力"があります。何か言われた時に、すぐ反応して動ける人は、やはり展開や成長が早い。
　ある社長様を紐解きした時、「お財布の色は青がいいですよ」とお教えすると、その足で買いに行かれました。分刻みのスケジュールの方でしたが、その実行力は素晴しいですね。
　「今お持ちの黒でもいいんですよ」ともお伝えしましたが、「青がベストなんでしょ？　だったら青に替える。今から買いに行くよ」と、ベターよりもベストな選択をしようとします。

　「たかが財布の色だろう」と思う方もいるかもしれませんが、今すぐに取り入れられる日常的な事柄がとても大切で、とくにスポーツ界の方は験を担ぎますね。それこそ、靴下を穿く順番から、試合場に行く道順にまでこだわっている方は少なくありません。
　また、政治家の方も、その日選挙カーを走らせるのが「"相手を応援する方角"だから、そういう気持ちで行ってくださいね」とお伝えすると、「ちゃんと相手候補を応援してきました」と報告してくれます。そういう素直な方は、やはり勝ちます。

　大物になればなるほど、人の話に身を入れて聞くことができるし、すごくまっすぐでピュア。だから自分の個性やバイオリズムを生かして、チャンスの波に乗ることができるのです。
　時々、あまりにも素直に実践してくださるので、私のほうが驚いてしまうこともあります。
　でも、子供のように純粋な心を持っているから、アドバイスされたことをすぐ実行に移し、そのベストな選択が運を引き寄せることを知っているのだと思います。

　その反対に、実践もせずに、いろいろな知識や情報だけを詰め込んで満足している人は、いつまでたっても何も変わりません。

成功法則に溺れない

この本を手にとっているあなたは、成功を望んでいる人ですね。
これまでも成功法則や自己啓発、占いといった類の本を読まれたことがあると思います。では、それらの本を読んで、あなたの人生やビジネスはうまくいっていますか？

それこそが成功法則の怖いところ。成功法則の本をいくら読んでも、いつまでたっても成功できない人は山のようにいます。
それは不健康な人が、病気の本ばかり読んでいるのと似ているかもしれません。

そもそも誰かが書いた成功法則を読んで、それをそのままマネしてやったところで成功できるでしょうか？　答えはノー。
なぜならそこに書いてある成功法則は、他人の成功法則であって、あなたの成功法則ではないからです。これはセミナーや講座などでも同じことです。

あなたにはあなたの個性に合った成幸への道があります。その個性を知らずに、ひたすら他人の成功の中に答えを求めても、負のスパイラルに陥るだけ。この本にも書いてあるように、万人に共通する「成功のための知恵や知識」はもちろんありますが、肝心なのは「そこから先」です。
仕事でも恋愛でもお金でも、自分の個性とバイオリズムに合わせて、自分らしく実践していくことが、成幸には不可欠なのです。

ところが、本で得た知識で頭がいっぱいになっている人は、「あの本、読みましたか」「この先生は知っていますか」と聞いてくる。そんなとき私は、知っていても「知らないです」と答えます。そんなことより、「早く実践しましょうよ」ということです。

無駄な努力をしたくない人は、本書を読み終わったら必ず「個性運命學」を実践して自分だけの成幸法則を作りましょう！

まあさ　「俺は俺はって、主張する男、なんなの!?」
星里奏　「自信がないんじゃないの」

男は痛みに向き合う

　バイオリズムには、未来のバイオリズムがあれば、過去のバイオリズムもあります。その過去のバイオリズムをしっかり知ることが大切です。
　たとえば「今年はこういう時期ですよ」とお話ししても、「いや、私はけっこう調子いいから」と答える人もいます。
「では、あなたにとっての調子がいいって、どういうことですか？」ということを認識しなければなりません。
　そのためには過去のバイオリズムをしっかり振り返って、「ここでこうしたから、そうなった」というリズムを知ること。
　そして未来のバイオリズムも読み解くことで、「今は待つ時期ね」と判断していけばいいのです。

　バイオリズムは、生まれてから死ぬまでの大きな流れ。12年、1年、1ヵ月、1週間、1日…と細かく紐解いていくことができます。
　そのバイオリズムがわかると、自分がどのリズムに乗って、どのタイミングで活用するかがわかり、シンプルに生きられるようになるのです。
「成功者は、シンプルに生きている」と言われますが、本当にそのとおり。
「シンプルって何？」かというと、言葉面はいいけれど、それはペイン（痛み）を伴うものなのです。

「こんなペインがあるけど、その先には必ずプレジャー（喜び）があるよ」というのが人生の法則。それを紐解いていくことが、本物のワクワクする未来につながっていきます。
　何かを手に入れようと思ったら、何かを諦めなければなりません。その覚悟がない人は、ずっと何も変わらないでしょう。

　自分と向き合うことがヘタな人は、すり抜け名人です。
　自分と向き合うことは、一時的にはペインを味わうこと。けれど、その先には長期的なプレジャーが待っているはずです。
　その逆もまた然りで、一時的なプレジャーを求めると、長期的なペインがやって来ることになります。すり抜け名人を繰り返していると、より大きな問題や課題が違う形で現れることになるのですね。

　ペインとプレジャーは、いわば陰陽。どちらも人生には必要不可欠で、避けて通れません。

「食生活は変えたくない、でもやせたい。運動は面倒くさい、でもやせたい」と言っても無理ですね。一時的には辛くても、食生活を変える、運動をするというペインを受け入れて初めて、やせるというプレジャーがあります。

　だから、まず自分の過去のバイオリズムやペインと向き合って、自分がこれまでどんな人間であったか、しっかり受け入れるようにしてください。「受け入れる勇気」がある人は、必ず成幸します。
　そして、受け入れることができたら、次は変わること。変わることが得意な人は、必ずうまくいきます。最初は「演じる」のでも構いません。そうすることで変化に慣れていくでしょう。

　変化が楽しくなると、新しいチャレンジが心待ちになり、巡りもよくなり、人も集まってくるようになります。まさにそれがプラスの循環。これができるのは「個性運命學」の強みでもあるのですね。
　「受け入れる勇気」と「変わる勇気」がある人は、どんなことがあっても、その手に成功をつかむことができます。

＊ペインとは「痛み・逆境・困難・苦手・プライドを損なうこと・知らないこと・わからないことなど、安心安全領域の外側にあるもの」感情に障るもの。
　プレジャーとは「快楽・喜び・楽しみ・ラクできること・優越感・プライドを誇れるもの」など欲求を満足させるもの。

まあさ　「一流のお客さんは、土日は電話とかLINEとかしてこないね」
星里奏　「きっと忙しいんじゃない」

「PDCA」

　ビジネスパーソンなら、「PDCA」(plan・do・check・act)という言葉は聞いたことがあると思います。関連書籍がたくさん出ているので、読んだことがある方も多いでしょう。

　実は、PDCAにもバイオリズムがあります。

　それが、個性のPDCA。自分がどんな個性なのかによって、PDCAサイクルの回し方は変わってくるのです。

　ところが多くの人が、どこかで教わった紋切り型で、自分に合わないPDCAサイクルを回しているから、いくらやってもうまくいかないのです。

- 自分に自信が持てない
- 一生懸命やっているのに、人がついてこない
- タイミングを外してしまう
- 計画を立てることができない（何を計画すればいいのかわからない）
- 講座やセミナーに通っても成果が出ない
- どこに問題があるかわからない
- コミュニケーションが苦手だ
- 運が悪いと思う

　一度でもこんなふうに感じたことがある人は、自分で気づかずに間違ったPDCAを回している可能性大です。

　仕事や恋愛、人間関係、金銭面など、「うまくいかない」場合、PDCAの中でもとくに、「C(check)＝評価」ができていないケースがもっとも多いのです。

　「個性運命學」に基づいて、自分のPDCAを実践する人は、すべてにおいてうまくいくようになります。

　ABD個性運命學を活用したPDCAは、成果が違います！

＊PDCAとは、品質管理を円滑に進めるために生まれた手法ですが、現在ではさまざまな分野で応用されています。Plan(計画)→Do(実行)→Check(評価)→Action(改善)というサイクルを繰り返し回していくという考え方。

男の願いごと

　ビジネスやお金といったものは、私たちの人生の中にあるひとつの要素です。けれど、時として私たちは、「ビジネスやお金＝人生」と考えてしまうことがあります。
　出世すること、お金を稼ぐことが「成功」だと思い込んでしまうわけです。でも、本当にそうでしょうか？

　家族を幸せにするために成功を追い求めてがんばって、気がつけば家庭をないがしろにし、お金や地位だけを追い求めていた…。それって幸せですか？　心の豊かさを失い、他人を裏切ったり、貶めたりして財を築いても、砂の城にすぎません。時が来たら崩れ落ち、気がついたら誰もいない、何もないということになるのです。
　本当の幸せは、心の充足（成幸）と仕事面（成功）の両方を満たすことのはず。心と仕事の両方を成長させる必要がありますよね。
　するとやはり、自分の個性を知り、個性に合った感性や心を磨いて、活用していくこと。自分のために活用することもあれば、誰かのために活用することも必要です。つまり「For me」も「For you」も大事だということ。

　それはその人のちょっとした立ち居振る舞いや言動でわかるものです。周りの人にもっとよくなってほしいと思っている人は、そういう声のかけ方や行動をとっています。でも、ケチケチな成功者は、人にはいいものは教えない（笑）。他の人に知られたくない、追い抜かれないために「自分だけが」と、いつも怯えているからです。
　本当の成功者とは、物質だけでなく物心両面において成功している人のことです。お金があってもかわいそうな人はたくさんいます。ケチで吝嗇で用心深く、人を見たら泥棒と思って生きている人の、どこが幸せでしょうか。
　人にしてあげられる人間であることが、人間の最高級品だと思いませんか？　高額な洋服やアクセサリー、高級車や豪邸で着飾ってみたところの比ではない。あなたそのもの、あなた自身が最高級品になるのが、いちばん素敵ですよね。

　「突き抜けている人」は「みんなに成功してほしい」「みんながよくなるように」と心から思える。追い抜かれるという感覚ではないのです。
　真の「せいこう」とは、「成功」と「成幸」のふたつで成り立つもの。どちらも人生には欠かすことができません。

冬の季節の過ごし方

　人生においては誰でも、調子のいい時、悪い時があります。それは常に循環して、止まることはありません。循環をたどる旅が、人生と言えるかもしれません。
　季節を見れば誰でも知っていることですが、太陽が燦々と降り注ぐ夏が終われば、やがて秋を経て、冬がやってきます。人の人生も同様なのです。

　現在、岡山県内・近県において飲食店10店舗を経営しているG様（40歳男性）が、4年ほど前に、紹介を通じて初めて鑑定にいらっしゃいました。
　当時、G様が経営する飲食店は、店舗数が3店舗でしたが、まったく利益が出ず、もう廃業したいと思っている、との相談でした。
　紐解きの結果、今の廃業は時期尚早と判断し、「廃業するにしても半年先がいいですね」とお伝えしました。
　ところが、本人は見た目でもわかるほど憔悴しきった様子で、私の紐解きの最中も、聞いているのかいないのかわからないような、上の空でした。
　よくよく事情を聴き出すと、自殺して保険金で借金を返済しようかなどと、バカなことをおっしゃるのです。

　独立開業した当初は、ステーキ店がとても繁盛し、それをいいことに銀行借り入れを起こし、2店目、3店目と店を増やし始めたところ、近隣に大手FC系による、同業の安売り店の出店が重なり、自分の店は見る間に赤字になってしまったそうです。
　2店舗目からの出店のタイミングは、G様が冬に突入した時期。新しいことを起こすには最悪の時期だったようです。せっかく増やしたスタッフを、致し方なく解雇し、銀行の返済に追われて、家賃や業者への支払いが滞っているそうです。
　ともかく、紹介してくださったG様の取引先の社長様に、しばらく目を離さないほうがいいですよとお伝えし、その日は終わりました。

　それから半年後、その社長様より、「Gがまたぜひ紐解きを受けたいと言っているので、予約を取ってもらえませんか？」との連絡がありました。
　G様と再び対面すると、顔の血色が良くなり、なんだか陽気です。
　あれから半年、鑑定結果を意識したわけではないけれど、だらだらと過ごすうちに半年が過ぎると、なんと、その大型店の撤退が決まったのだそうです。開店から2年足らず、安いだけの肉は客にすぐに飽きられたのか。
　さらに、融資を受けていた銀行から、その大型店撤退後の空きテナント

を使わないか、という申し出があり、移転の設備融資に、これまでの融資残と今後の運転資金を取りまとめて融資できるという条件。大家さんのたっての希望で、家賃は低くする、空調換気などの設備はそのまま使えそうだし、話はとんとん拍子に進み、心機一転、新たに開店。
　商売はすぐ軌道に乗り、売り上げも倍増していったそうです。
「どんどん忙しくなり、スタッフを募集すると、なんと以前に解雇した従業員のみんなが、戻ってきてくれたのです！　今となると、廃業しなくて本当に良かったと思います。しかし星里奏先生、なぜあんな予言ができたのですか？」とG様。

　これは、予言といったものではありません。G様のバイオリズムの循環なのです。冬が極まり、『窮すれば即ち変じ、変ずれば即ち通ず』ということです。
　窮して窮して、窮乏のどん底に落ちた時、必ず何かが変化する。その変化が起きた時、すでに通じる道ができている。これは易経の言葉です。
　人間、堕ちるところまで堕ちると、極まって命が動く。
　じたばたしたって、春が来なければ、花は咲かない。慌てず騒がず、その変化をじっと待つのです。
「30歳そこそこで、ちょっと金をつかんで、調子に乗っていたのでしょう。どん底に落ちなければ、自分は取引先の社長や、従業員や銀行、世間や、そして家族に支えられて生きているのだということに、気づかずにいたでしょう」

　翌年、G様の会社は、隣県へ4店、5店目を出店しました。その後の出店の計画やタイミングは、紐解きを行って決めています。今後も人生の岐路に立った場合、必ず自分のタイミングを見極めて、行動をしていくそうです。

　それにしても神様は、どうしてこのような、人間に辛く冷たい冬の季節を用意したのでしょう？
「病める貝にのみ、真珠は宿る」と、ロシアの作家・アンドレーエフが言っています。アコヤ貝は体の中に異物が入っても、自分の力で除去できないので、膜でどんどん巻いて、包み込んで無害にしてしまう。その異物が真珠になるそうです。
　人生における辛い経験や悲しみは、誰でもなるべくなら避けて通りたい異物です。しかしそれを受け止め、自分の力で処理することによって、やがて光り輝く宝石となるのです。
　困難な経験だけが、人を成長させ、運命を運ぶ力を育むのです。冬は、人生の陰陽、悪くばかりとらえる必要はないのかもしれません。

第 6 章

運命学

占いと學問の違い

　朝、テレビで情報番組などを見ていると、誕生月占いのようなものをやっています。また、血液型の話は、新聞の社説にも登場するほどお馴染みの話題です。
　血液型や占い大好き、という女性は多いですが、男女問わず、成功者もこういうものが好きな方が多いようです。
　「今日ラッキーなのは、3月生まれの人」など、ニュースともバラエティともわからない番組で運勢ランキングをやっていますが、それを見た外国の人は番組の何を真剣に受け取っていいのかわからなくなるそうで、その日は3月生まれの人は全員ラッキーだ、ということをニュース報道と同様に信じればいいのでしょうか？

　血液型による性格判断も、普段よく耳にする会話です。しかし血液型を気にするのも日本人だけと言われます。A型の人は几帳面だとか、O型はおおざっぱ、だとか。
　意外かもしれませんが、日本人でA型の人は他国に比べてそれほど多くなく（日本：A型38％　B型22％　O型31％　AB型9％）、A型の人が多いのは北米から北欧、ヨーロッパなどで、アメリカ（50％以上）、フランス（47％以上）、ドイツ（43％）と、日本は上位20位以内にも入りません。また、南米ではA型の人は5％以下で、ほとんどの人がO型です。
　血液型の性格判断は6割以上の人が「当たっている」と答えます。しかしこれは「刷り込み」によるものだと思われます。現代の日本人は子供の頃から血液型の話を聞かされていますし、すでに本人がそう思い込んでいる、ということがあります。
　自分が几帳面か大雑把なのか、本当は明確な基準などなく、文化的、相対的なことでしかありません。たとえばお茶会に出て、茶碗を片手で持ちズルズル音を立ててすすればB型か？　などと言われかねませんが、スタバでカップからストローでズルズルと吸い上げたからって、誰もO型だとは思わないでしょう。
　また、近年アジアからの観光客のマナーが悪いなどとニュースで取り上げられますが、中国人は圧倒的にB型が多い（日本人よりわずかに多い程度です）と聞けば、やっぱりな！　などと思いますが、30年前は日本人もパリなどで「いつも集団で移動して気味が悪い」などと言われていました。

　話が横道にそれましたが、成功者がなぜ成功するのかというと、目的のためにできることはなんでもやる、取り入れるものはすべて取り入れる、

ということがあります。成功者が、験担ぎや占いなどに気を配るのも、ひとつの顕れだと思われます。

　また血液型のような「刷り込み」や「思い込み」も、実はけっこう大切で、「O型で今日は幸運だから細かいことを気にせずに」となれば、その気になってどんどん強気で押していくでしょうし、「あなたは今日は運気が低下しています」と言われれば、「そう私はA型几帳面人間、だから慎重に事を運ぶ」のでしょう。事をなす際、暗示にかかって強気に出るのは必要でしょうし、慎重に用心する日があってもいいと思います。
　そしてその決定は、どちらかというと主観的ではないほうが、おそらく良いのだと思います。主観的に決めると自分の行為の正当化の原因になりますからね。「俺はB型だから人のことは気にしないのさ」とか。こういうことは、他人とかくじ引きとか、自分の都合とは関係ない外部要因で決定されたほうがいいのかもしれません。

　それから、外国人は自分の血液型を知らない人が多く、病院で輸血を受けて初めて知った、という人が多いそうです。
　欧米人の場合は、血液型よりも、星座を重視することが多いのです。

　星座といえば、占星術では同じ星座の人は、同じ運命をたどるのでしょうか？
　私の個性運命學では、星座にせよ血液型にせよ、そのような十把一絡げの扱いはしません。
　人にはそれぞれ、生まれた時から持っている「宿命」があって、その人の中の「神」が宿命を司っています。それは、誰ひとり同じ人生はなく、たしかに星座や血液型や生まれ月は個人の人生に影響を与えるかもしれませんが、全員が一律、ということは決してありません。

　個性運命學は、まず自分の「個性＝神」を知ることから。
　神を知ることは、自分もまだ詳しく知らなかった、己を理解することになるのです。

○　シュメルから派生した運命学

　すべての天文学のルーツは、シュメルにある、としていいでしょう。ここでは、私が勉強してきた占術の色々を考えてみます。

○ 西洋占星術について

アメリカ人の50％以上の人が、占星術は科学的だと答えます。

歴史上、ヨーロッパのほとんどの王や貴族が、常に占星術師をそばに置いていました。

もともと天文学と占星術は同じ職業で、16世紀、惑星の運動法則を発見した高名な天文学者ヨハネス・ケプラーは、神聖ローマ帝国皇帝ルドルフ二世の宮廷付占星術師として仕え、ふだんは占いで生計を立てながら、惑星の観測研究を進めていました。

近年に至っても、世界の為政者たちの、多くの人命を犠牲にした戦争の決定に、占星術師が深く関わっています。

ある日、アドルフ・ヒトラーは側近の占星術師を投獄しました。理由は北アフリカ戦線でドイツ軍の敗北を予測したからです。

同時期の英国首相ウィンストン・チャーチル、ソ連の独裁者ヨシフ・スターリン、20世紀終盤のフランス大統領フランソワ・ミッテランや、ロシア連邦初代大統領ボリス・エリツィンなど、多くの政治家が占星術によって政策を決めていたのは有名な話です。

アメリカ合衆国第40代大統領ロナルド・レーガンのナンシー夫人は、信頼していた占星術師から、夫が西暦年の末尾が「0」の年に大統領選に勝利したことが不吉であると伝えられ、とても憂慮していました。

1940年に再選を果たしたフランクリン・ルーズベルト、1960年に当選したジョン・F・ケネディは、いずれも在職中に死亡しています。

やがてナンシー夫人の心配は現実となり、大統領就任から69日後の1981年3月30日、凶弾がレーガン大統領を襲います。

大統領は一命を取り留めましたが、その後、占星術師をホワイトハウスの日常業務の担当官として採用し、その指導で業務カレンダーを色分け、運気が低迷している日は、重要な会議はせず、飛行機には乗りませんでした。

こういった事実が明らかになるにつれ、ジャーナリズムや科学会から猛烈な批判が起こります。

占星術では、生まれた日の星座や惑星の位置を重視しますが、科学者たちは、星座や惑星の位置が、物理的に新生児にどのような影響を与えるのか、以下のようにさまざまな科学的な考察を試みています。

◯　重力による影響

　現在、物理学では、宇宙の物理法則を司る「自然界の4つの力」が知られています。
「4つの力」の中で、私たちにとって最もなじみ深いのが「重力」です。
　重力はとても弱い力ですが、すべての素粒子に引力（万有引力）として働き、すべての物体同士の間で互いに影響を及ぼし合います。
　物体が互いに及ぼす重力の強さは、物体の質量に比例し、物体同士が離れている距離に反比例します。
　たとえば、地球の質量は大変大きいので、重力も強くなります。一方、リンゴの質量は小さいので重力も弱く、地球の重力に引っ張られてリンゴが吸い寄せられているように見えますが、言い方を変えれば、地球がリンゴに吸い寄せられたと見ても別に間違いではないのです。
　重力の特徴のひとつは、どれだけ遠くへ離れても互いの間の力はゼロにはならないことです。しかし十分な距離を離れると、とても大きな質量の物体であっても、考えなくてもいいほど重力は弱くなります。
　さて、新生児が生まれる時の惑星や星座の重力の位置が、その子に影響を与えるかどうか？　これはまったく与えないというのが事実です。遠く離れた火星の重力よりも、新生児を取り上げる医師の体重や、ベッドの重さによる重力の影響のほうがはるかに大きいからです。

◯　電磁気力による影響

「4つの力」のうち、「電磁気力」は我々の身体や地球、銀河の星々など、物質そのものを形作っている力で、電子と原子核を結びつけ原子を作る力、原子同士を結びつけ分子を作る力が電磁気力です。電磁気力は、光子の交換によって伝わり、光子は質量を持たないので、遮らなければ電磁気力は遠くまで伝わり、電気や電波、光、磁気力などを生み出し、電気的に吸い寄せたり、反発し合ったりします。この反発する排斥力がなければ、すべての物質は混ざり合ってしまいます。私たちが地面を歩いて地面に足がめり込まないのは、地面が硬いからではなく、電磁気力の排斥力があるからなのです。
　この電磁気力は、電荷の差が原因となって起こります。電荷がプラスマイナス同一で差がない状態を「電気的に中性」と呼びます。通常、物質は常に中性で、地球も中性、火星も木星も中性。惑星や星座の電磁気力が、これまた中性である人間に影響を与えることはありません。

○ 弱い力、強い力

「4つの力」のうち、もっとも強力なのが「弱い核力、強い核力」と呼ばれる力です。この核力は電磁気力に比べて弱かったり強かったりするので、このような呼ばれ方をします。

強い核力は、素粒子に働きかけ、クオークを結びつけ、陽子や中性子を作り、また陽子同士の間の電磁気力による排斥力に打ち勝ち、中性子とともに原子核そのものを作ります。そして弱い核力がそれを崩壊させ、物質の種類を変えます。

このふたつの力は大変強力ですが、重力や電磁気力などと異なり、力の及ぶ範囲がとても狭く、ある範囲を超えると力はゼロになり、その距離は量子レベルでしかありません。

量子レベルでしか働かない力は、遠い宇宙の惑星と人間との間では、なんの関わりもなさそうです。

その他にも、延々と占星術への反証は続きます。
彼らは統計調査を行いました。
アスリートを調査し、戦いの神として有名な「火星」を星に持つ人を調べましたが、一般人と分布は変わらなかったそうです。
また、婚約中、または新婚の男女と、離婚した男女を数百組集めて、それぞれが相性のいい星座、悪い星座かどうか調査しました。しかしこの点でも、特別な相関関係は発見できなかったようです。

などなど、他にも取り上げると、きりがないほどの反論ですが、なるほどすごい説得力です。たしかに占星術には科学的根拠は一切ないようです。迷信や世迷言と言ってもいいでしょう。

ところで、その「自然界の4つの力」や、最新の統計手段などなんでもいいですが、最新の科学理論を使って、ダークマターや量子の動き、重力の弱さ、意識の発生メカニズムなども、今すぐ説明していただきたいと思います。占いの検証をする暇があったら、そちらが本業だと思いますが、なぜそちらはできないのでしょう？

主流考古学者が文明以前とする1万年以上むかしの遺跡が次々と出てくるのは？　大ピラミッドやサクサイワマン、バールベックの巨石群は、現代の建設技術をもってしても扱いが難しいのは？　離婚をするには、まず婚約や結婚をしないとできないということは知らないのでしょうか？

わからないことがある理論を使って、他の分野の反証するのは、それは科学でしょうか？

つまり、科学的説明といっても、森羅万象の科学的究明が完了していない現時点の理論を道具に批判を行っても、まったく説得力がないということです。

　ただ、実はこれ、科学者が反証を行なっているというより、ジャーナリズムやマスコミが中心となってやっています。科学者は、最先端の研究に携わる人ほど、そんな態度は取りません。彼らは真摯で真面目です。気の遠くなるような研究に勤しみ、深淵の未知に圧倒され、宗教に入ったり、神秘主義者になってしまう科学者は一般の人よりも多いのです。
　現に私の依頼人様の中にも、文科省の研究所にお勤めの理学博士の方がいらっしゃり、いつも素直に紐解きを受けて帰られます。この方は、私が聞いてもさっぱりわからない原子物理の研究をなさっていらっしゃいますが、ふだん一般の方の目には、彼らのそういう地道な研究よりも、ジャーナリズムやマスコミが喧伝するテレビや新聞での主張が馴染み深いでしょう。その主張は、彼らのしたい主張であり、また、それをそのまま鵜呑みにして自説にするのを、単なる「無知」というのであって、自然界の探求を覚悟に決めた科学者がとる「無神論」とは根本的に異なるものです。
　ですから私は、科学が間違っていると言っているではありません。これは、科学の発展する方向の問題であると思います。現在の科学は、功利主義の方向ばかりへ向いているようです。スポンサーがつかなければ研究資金が出ないのは致し方ないことですが、研究分野の視野をより広げれば、人生について私たちが知りたいこともやがて解明されていくことでしょう。そしてひとつの謎の解決は、新しい謎を生み出します。つまり科学は、永遠に発展進歩して終わりがない営みだということです。

　そして重要なのは、科学的説明などではなく、その迷信や世迷言を信じる人たちが、現に世の中にはたくさんいる、ということです。いえ、むしろ人類のほとんどの人が、何かしらの神秘現象を気にせずにはいられないのではないでしょうか？
　考えてみれば、私たちの世の中のほとんどの営みが、妄想や思い込みで成り立っています。これを共同幻想や対幻想と呼んだ批評家もいましたが、国境というものが目に見えるでしょうか？　日本人と中国人の身体の差異を科学的に説明できるでしょうか？　今日の食事を得るためにテレビが必要でしょうか？　どうして生きるのに絶対必要でもない本を読むのでしょう？　子供を育てるために必要な1万円札はただの紙切れではありませんか？　歌を歌ったり、裸で人前に出たり、棒きれでボールを遠くへ飛ばす人たちが、たくさんの報酬を得られるのはなぜでしょうか？　会ったこともない人に国や自治体の重要な政策を任せるのはいかがなものでしょ

うか？　これらは全て、自然界より与えられたものではなく、人間が創作した取り決めではないでしょうか？

　人々が興味を持つのは、自然界の成り立ちや仕組みばかりではありません。人の思考によって、人がどのように生きるか、夢がどのように具現化されるか、ということのほうが、重要なのです。

＊吉本隆明『共同幻想論』

◯　歳差運動

　地球は太陽の回りを公転しているので、地球から宇宙を背景として見た太陽の位置は毎日変わっていきます。その太陽の通る天球の星座に印をつけ、1年分を繋いだ円を「黄道」と呼びます。その黄道上にある星座のうち、蛇遣い座を除く星座を「黄道十二星座」と呼びます。

牡羊座→牡牛座→双子座、蟹座、獅子座、乙女座、天秤座、
蠍座、射手座、山羊座、水瓶座、魚座

　西洋占星術では、この十二星座を元に、基準とする春分点から30度ずつ、黄道十二宮を割り振っています。
春分点：白羊宮→金牛宮、双児宮、巨蟹宮、獅子宮、処女宮、天秤宮、
　　　　天蠍宮、人馬宮、磨羯宮、宝瓶宮、双魚宮

　しかし実際の天体を観測してみると、白羊宮の位置にあるはずの牡羊座は金牛宮にあります。処女宮になければならない乙女座も、天秤宮にあり、ひとつずつ後ろにずれているように見えます。

　これは、地球の「歳差運動」が原因で、そのようなずれが生じているのです。
　地球の自転は、回転するコマが首振り運動をするように、地軸も長い時間をかけて首振り運動をしています。これにより生じるずれの現象を歳差運動と呼びます。歳差によって、太陽に対する地軸の傾きがゆっくりと周回変化しているのです。
　このため、春分・秋分点は、年々黄道に沿って西向きに移動していきます。もともと黄道十二宮が定められた時、実際の星座ではなく当時の春分点を起点にしたので、実際の星座は宮の順序と反対方向に、少しずつずれていきます。
　この歳差運動は、黄道を一周するのに約2万5800年かかり、ひとつの

黄道十二星座と十二星座のずれ

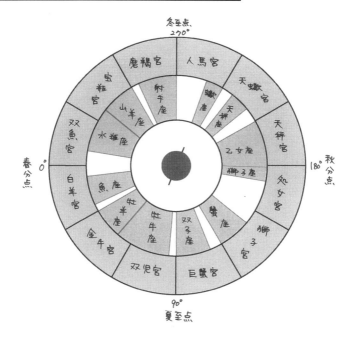

歳差運動

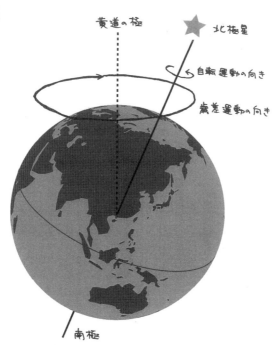

第6章　運命学

宮の移動（約30度）では、約2300年という長い時間がかかります。十二宮の基準となる春分点が牡羊座の位置にあったのは、紀元前2200年頃から西暦の初めくらいまで。

　もともと黄道の星座に着目したのはメソポタミア・バビロニア時代のカルデア人ですが、紀元前150年頃、ギリシアのヒッパルコスが十二宮を定めました。その頃に西洋占星術の元が始まったと思われます。

　その後、春分点は西暦の初頭に魚座へ移動し、現在に至る2000年間は「魚座の時代」と呼ばれてきました。
　漁師であったペテロを引き継ぐローマ教皇の指輪が「漁師の指輪」と呼ばれ、魚が刻印されているのは、故あることなのです。
　そして現在、少しずつ水瓶座の時代に移行しつつあります。星座ははっきりと境目があるわけではないので、正確にいつ変わるかは定かではありませんが、新しい「水瓶座の時代」へ入る時、これまでとは違う、何か大きな変化を伴うかもしれません。

　近頃では、この歳差運動による星座と十二宮の相違を、鑑定に取り入れた占星術も出てきたようです。
　しかし、私の個性運命學がベースとしている、古代シュメルやエジプトにおける天文学は、驚くことに最初からこの歳差運動を考慮して構築されているのです。
　シュメルの天文学は、十二宮や星座などを割り振る以前の古い時代のもので、太陰暦に基づく毎日の規定は、非常に複雑で難解なものです。月相が一致するメトン周期で閏月（うるう）を調整し、春分、秋分点や夏至、冬至などが長年にわたって観察された、かなり精密なもので、天文学が星占いにトーンダウンする以前の、より優れたものだと思います。

　それにしても、何万年も観察しなければ知ることのできない高度な天文学の知識が、なぜ古代人にあったのか、完全に謎です。
　そのような謎を信じられない人もいるでしょうが、さらに謎を深める考古学的証拠が、近年になっていくらでも出てきています。
　1990年代後半に本格的発掘調査が始まったトルコのギョベクリ・テペ遺跡では、放射性炭素年代測定法によって、建設されたのが1万5000年以上前だということが明らかになりました。遺跡の柱には、星座や太陽をかたどった彫刻が刻まれ、歳差運動を知らなければ理解できないメッセージが刻まれているのです。

　謎であれなんであれ、すでにある優れたものを、使わない手はない。

思えば自然科学とはすべてそのようなもので、たとえば私たちは毎日電化製品を使って快適な生活を送っていますが、そもそも「電気」とは何か？　「電子がマイナス電荷を持つ。陽子がプラスの電荷を持つ」「電荷」とはどういう現象なのか、根本から説明できる科学者はどこにもいません。

　けれど、その謎であるものを、私たちは日々便利に使いこなしているのです。

　本書はその謎を論ずる場ではありませんので、興味のある方は他誌をご覧いただくとして、我々現代人がまだまだ気づいていない、ビルやパソコンや電車などの物体ではない、不思議で高度な文化を、太古の先人が利用していたということだけ、知っていただきたいのです。

○　宇宙の果て

　地球が太陽の周りを回っていて太陽は銀河系の中心部を回っていて、銀河系は…。

　地動説とか、地球は宇宙の中心ではないなんて、みなさん当たり前にご存知ですよね。しかし、冒頭で少し触れた、最新の宇宙物理学が唱える「事象の地平線」という理論では、ある意味「我々の地球が宇宙の中心である」と言っているのと同じなのを、ご存知でしょうか？

　話を簡単にするため、ブラックホールの「事象の地平面」はここでは考えません。また、宇宙は膨張しているので宇宙の果てはどんどん遠ざかっているのですが、その計算も煩瑣なので省きます。

　現在、宇宙が誕生して137億年が経過していると言われます。最新の望遠鏡で見えるもっとも遠い天体は、地球から131億光年彼方の銀河「EGS-zs8-1」とされています。光が1年間かけて進む距離が1光年ですから、私たちはこの銀河の131億年前の姿を見ていることになります。これより遠いところは、まだ銀河や恒星が誕生する以前の宇宙と考えられ、光るものは何もなく、暗黒時代と呼ばれます。

　ところで、相対性理論によると、この宇宙では光より速く進むものは存在しません。もし宇宙に137億光年より先があるとして（膨張しているのなら当然存在します、たとえば200億光年先とか）、そこに光や電波を放つ天体があったとしても、その光は、時間が宇宙誕生以来137億年しか経っていませんから、未だ地球には到達せず、我々は絶対に知ることができません。これを「事象の地平線」と呼びます。

　つまり地平線の向こうには情報や物質が一切伝わらないので、いかなる

因果関係を持つこともできません。そしてそれは、我々を中心とした半径137億光年の宇宙ですから、我々が関係する宇宙は、我々が中心にいると考えても差し支えないのです。

○　陰陽道

陰陽師・安倍晴明で有名な「陰陽道(おんみょうどう)」をご存知の方は多いと思います。

　月と太陽、水と火、女と男など、森羅万象、宇宙のすべての事物は、陰と陽でできあがっているとする思想を「陰陽思想」「陰陽説」などと呼びます。中国においては、五行思想とともに、陰陽五行説が構成されました。
　陰陽思想おいて、人間と対比されたのが星であり、天体の動きを知ることによって人間の運命を知ることができると考えたのが、陰陽道の始まりです。

　我が国においては7世紀後半の飛鳥時代、天武天皇によって設置された「陰陽寮」が最初で、占星台が設置され、星を見る人を「陰陽師」と呼びました。
　陰陽寮には、陰陽師を養成する陰陽頭、天文観測・暦の作成を取り仕切る天文博士、学生などが置かれ、長官である陰陽頭は従五位下に任官され、異常発生時には記録を密封し極秘に天皇へ上奏する「天文密奏」を行う役割に任じられていました。
　中務(なかつかさ)省に属していた陰陽寮は、明治に至って旧幕府の天文方を廃止に追い込み、新政府の天文学や暦法、測量の管轄権を持ち続けますが、明治2年、陰陽道を代々引き継いできた土御門家当主、土御門晴雄の死亡により、翌年廃止されました。

　陰陽道は、人間の心の闇に着目します。
　神聖な神も、邪悪な魔物も、人の心に住み着いて、邪悪な魔物が大きな力を持った時、人の心の闇が深く口を開け、災いを為す。人の心の闇をコントロールすることが、陰陽師の仕事であったと言われています。

○　四柱

　すべての物には、本来の素質や生地があります。人間も素質、型というのは、生まれた時からある程度決まっています。
　これについては中国に推命学という學問があります。大唐の時代に始まり、明の時代に完成した、人間の運命を判定する學問で、2000年以上にわ

たり数千万人にも及ぶ人のデータを集めた、独特の統計による運命学であり、一般に知られるレベルでは四柱推命というものもあります。

　四柱とは、人の生まれた年・月・日・時間のことで、正確なそれがわかれば的確にその人の素質、進むべき職業や生活の仕方、親子、配偶者、兄弟、友人、子供のことなどが、よくわかってきます。

　日本には幕末の頃に入ってきたもので、仙台藩の藩儒、桜田虎門が専門家として有名になりましたが、しかし推命学はかなり難しい學問だったため、日本ではあまり広まりませんでした。

　九星や気学など、運命学と称するものがたくさんありますが、それらに比べても推命学は蓋然率（ある程度確実であること）がとても高く、推命学で考えると、人の運命というのは決まりきったものに見え、宿命論を信じてしまいそうになりますが、実はこの學問も、宿命ではなく立命を説いたものです。

　運命を勉強してみて、いちばん特徴的なのは、人間関係への言及が多いことです。その中でも、もっとも恐ろしいのは男女関係で、男と女の出会いの良し悪しは、その人の運命の大半を占めてしまうようです。

　私の依頼人様から伺った例ですが、その方は45歳の経営者の方で、社会的にも立派な成功され、人生経験も豊富な方です。

　その方が、たまたま「冬の季節」に入った年、あるプライベートパーティに出席した際に、若くてとても美人だけれど、どこか陰のある29歳の女性と再会。会うのは2度目でしたが、女性も自分に好感を持ってくれているようで、彼も、その陰のある蠱惑的な魅力にたちまち引き込まれそうになり、深い仲になってもいいかなと考えたそうです。

　しかしまた、自分の中のどこかで、これ以上関わりを持ってはならない、この女と関わると自滅するという自戒も、同時に感じたそうです。男にとっては、その直感的な警戒感が、またその女性の魅力を倍増させるわけですね。

　パーティ会場から誘い出し、ふたりでタクシーに乗っている間、考えに考えた挙句、それ以上の関係を持つのはやめたそうです。

　それからはその女性と連絡を取ることを一切やめ、ことなきを得ましたが、そこで自制ができる経験値はさすがです。

　もしあのまま関係を深めていれば、その女性の深い闇に堕ちて、二度と同じ人生に戻れなくなっていたかもしれないと、今では感じるそうです。

　冬の季節でなければ、おそらく見向きもしない相手が、恐ろしく魅惑的に見える。運気が低迷している冬というのは、何か悪いことが外からやってくるばかりでなく、自分自身がおかしくなるのだ、ということに気づ

たそうです。

○　イスラム天文学

　古代メソポタミア、エジプト、ギリシア、ヨーロッパ、中国、インド、そして日本においても、人々は昔から星を見ることで運命を知ろうとしてきましたが、この世界中で一致する行動は単なる偶然なのでしょうか？

　ヨーロッパが暗黒の中世にある時代、古代と近代の天文学を繋いだのは、イスラム天文学でした。
　砂漠の民であるアラブ民族は古くから交易で活躍してきました。何も目印のない砂漠や海原で、自分の正確な位置を知るために、星座や惑星の観測技術が発達しました。
　また、イスラム教においては、ラマダン月の開始を告げる新月の観測が宗教上の大切な行事とされていますし、日に5回行われるサラート（礼拝）は、地域によって礼拝時刻が異なるため、日の出と日没を基準とした正確な時間を知るために天文学がさかんに研究され、これがイスラム天文学として発展していきます。

　16世紀になるとコペルニクスが地動説を唱えますが、コペルニクスはこのイスラム天文学に大きく依拠していました。イスラム天文学では、地動説がすでに標準的な考え方であったのです。
　地動説の考えそのものは紀元前からあり、むしろ天動説より古い考えでした。紀元前3世紀、古代ギリシアのアリスタルコスは、地球は自転しており、太陽を中心として5つの惑星が回っていると、優れた説を展開しています。
　2世紀になるとプトレマイオスが天動説を体系化し、以後、西ローマ帝国が滅亡、ヨーロッパは暗黒時代を迎え、新しい発想や科学が停滞します。天動説は16世紀のルネッサンスを迎えるまで、主流の考え方として信じられ続けます。

　ビールーニーなど高名な学者や、アストロラーベといった優れた観測機器を登場させたイスラム天文学も、そのルーツは古代メソポタミアにあります。
　人々は、昔から世界中で星を見てきましたが、現在の考古学が認める最も古い文明はシュメルであり、そういう意味では、すべてのルーツがシュメルにあると言っても過言ではないでしょう。

◯ シュメル人

シュメル人は、日本人の祖先ではないかなどともいわれる、多くの謎に満ちた民族です。

紀元前4000年頃、古代メソポタミアの地に、どこからともなく現れたシュメル人は、人類有史上初めての都市を築きます。
まだ周辺が狩猟採集民族ばかりだった時代、忽然と現れ、まるでどこからか運んできたかのように神殿を建設し、道路を引き都市を作り、運河を整備し灌漑農業を発達させ、富を蓄え、高度な航海術で交易を行い、世界で唯一の都市国家を築き上げました。

シュメル人は、自らを「ウンサンギガ：黒頭の民」と名乗り、その土地を「キエンギ：君主の地」と呼んでいました。「シュメル」はメソポタミア周辺のアッカド人による呼称で、ラテン語では「Summae：(最高)」の意、英語では「Sumer(スメール)」です。

これが「スメラの王＝スメラミコト：天皇になったのではないか」という話や、「高天原はバビロニアにあった」などの俗説が、第二次大戦中の日本で流布しました。時代が時代だけに、皇室の中で考古学に造詣の深い三笠宮崇仁親王がこれを憂慮し、それを受けた京都大学名誉教授の中原与茂九郎氏が、長音記号を入れた「シュメール」とし、「スメル」と区別化しました。それが我が国では定着して、現在も「シュメール」と呼ばれています。

＊参考文献「シュメル── 人類最古の文明」小林登志子著、
「シュメールの宗教的政治思想の一面── エンリル神およびニップールとシュメール王権の特殊性」中原与茂九郎著「立命館文学」第246号

紀元前2004年のシュメル国家滅亡後、彼らは現れた時と同じように、また忽然と姿を消してしまいます。おそらく世界中へ散っていったのでしょう。
スメラミコトに関しては俗説かもしれませんが、もしかしたらシュメル人の一部が日本までたどり着いて、我々の祖先になっているかもしれませんね。

シュメル文明の根底となっている知識は、現代から見ても驚くべきものがあります。
彼らが発明した最大のものは、なんと言っても「文字」そのもの。文字

（楔形文字）の発明は、そのまま「記録すること」の誕生となり、記録は蓄積されて統計となり、受け渡し可能な情報ともなります。

シュメル人の発明や、利用していた高度な知識は、

はんこ（スタンプ、円筒印章）、粘土板、人工の運河と灌漑、条播、家畜、奴隷の使役、太陰暦、七曜制、ビール…

数学（六十進法、十二進法、円周率、三平方の定理（のちのピタゴラスの定理）…

天文学（地動説、太陽系の天体数の把握、地軸の傾き、歳差現象）…

など、数え上げればきりがなく、また、のちにシュメル文明を引き継いだバビロニアのハムラビ法典よりも350年ほど古い「ウル・ナンム法典」は、世界最古の立法法典とされています。

やがてこの文明の高度な知識や情報は、西はフェニキア、エジプト、アナトリアへと伝わり、東はエラム、インダス、古代中国へ、やがて世界中へと伝播し、私たちの現代文明の礎となっています。

シュメル人国家の最盛期は紀元前3500年頃から始まったウルク期ですが、いったい彼らは、このように高度な知識をどこから得たのでしょう？

もともとメソポタミアにいたアッカド人やエラム人などとは異なる髪の色や風貌、彼らがどこからやってきたのかまったくの不明。こういった謎は歴史学者や考古学者をおおいに困らせています。

たとえば、これまでエジプト考古学では通説だった「暦の発明は農業に利用するため」などという考えは、当初はまったくなかったということもわかってきました。暦の農作業への利用は、理屈の上でも、実際の作業の上でも、ほとんど役に立ちません。洪水が引いたら種をまく、実ったら刈り入れるだけのことは、堅苦しい暦などに頼らなくてもわかるからです。

もともと暦は、神々の動きを知り、儀式を執り行う正確な時間を知るために発明された、というのが紛れもない事実なのです。

時を経て、東アジアにも伝わったこの天文学や立法が、古代中国の神話に登場する帝王・伏羲による易経と陰陽説の元になったとされています。陰陽説は、のちの戦国時代、五行思想と一体になって、中国における「帝王学」の基本となりました。

○　人のリズムは「五行」ではなく「六行」

東洋思想では「陰陽五行」がすべての基本です。けれど私の「個性運命學」では「五行」ではなく「六行」で紐解いていきます。

五行説は、中国4000年の歴史のなかで、本来「六行」だったものが、始皇帝の時代に一行が消えて「五行」になったと言われています。
　始皇帝の「焚書・坑儒」は、歴史上有名な事件です。
　六国を統一し「秦」を興した始皇帝は、広大な帝国を統治するためにさまざまな事業を興しました。貨幣・度量衡・文字の統一、封建制度を廃し郡県制を採用し、中央集権体制の確立を図りました。
　また、当時の有力な六学、陰陽家、儒家、墨家、法家、名家、道家、のうち、法家を尊重し、法治を帝国の統治原理とし、法治国家として進むことを選択します。
　しかしその後も、徳を持って国を治める「徳治」を主張する儒家たちの抵抗運動は凄まじく、そのため法家・李斯（りし）の建言により、統治に有害な思想や書物を排除するため、医薬、卜筮（ぼくぜい）、農業以外の書物の所有を禁じた令「狭書律（きょうしょりつ）」が制定されます。この際、民間人が所持していた書経・詩経・諸子百家の書物は、ことごとく焼き払うよう命じられました。これが「焚書」事件です。
　このどさくさに紛れてか、それとも意図的なものであったのかはわかりませんが、狭書律で認められていた卜筮の一部、陰陽占術六行のうち、一行が消えてしまうのです。
　もともと「占術」は「戦術」でもあり、時の権力者だけが扱える特別なものでした。なぜそれが「五行」という不完全なものになってしまったのか、今となっては知る由もありません。
　その後の帝国は、始皇帝の死後わずか5年足らずで滅びてしまいます。次に興った「漢」では、秦のような強力な中央集権体制は取らず、思想面でも徐々に自由になりました。失われた一行も、口伝や伝承で、細々と伝えられ続けました。

　それが時を経て、いろいろな人に読み解かれて「統計学」となり、さらにそこに私自身の経験や「創造知能プログラム」といった現代の知識も加えていくことで、私オリジナルの「個性運命學」が生まれました。

　時計は12時間、1年も12ヵ月。「12」は「六行」×「陰陽」を表していると考えることができます。
　これまで「六行」という概念は、皆さんの中にはなかったと思いますが、「個性運命學」をきっかけにして、ぜひご自分のなかの「六行」のリズムを感じていただきたいと思います。

第 **7** 章

學問との出会い

子ども時代

まあさ 「お母さんによく言われた。親は選べないから我慢しろって」

　まあさは物心ついた頃から、躾の厳しい母親が苦手で、思春期には言い争いばかり。16歳で大げんかをして家を飛び出し、そのまま高校も中退。ホステスをしていた先輩の家へ転がり込んで、水商売の道に入ったそうだ。

まあさ 「お母さんも、お父さんがいやだったみたい。失敗したって。お母さんは、お父さんだけでなく、親戚も、近所の人もぜんぶ嫌いだったみたい」

　まあさの父親は公務員で、数年おきの転勤で、家族は関東近郊の公務員住宅を転々とする生活が続いたという。まあさも小・中学校を何度か転校し、その度に友達も変わる。習い事の教室も変わる。母親はそんな暮らしがとても不満だったらしく、そのはけ口だったのか、長女のまあさを厳しく躾けて、近所の子供たちとも遊ばせなかったという。

まあさ 「お母さんはもともと千葉のお金持ちのお嬢さんでさ。私は小さい頃からバレエやピアノばかりやらされて、友達と遊ぶ暇なんてなかった。子供の時はみんなそういうもんかなって我慢してたけど、中学くらいになると、友達の家に寄り道してさ。そこで知り合った子たちって、みんな不良だけど、すごく自由。おもしろくて、それでピアノとかサボって遊んだり。でもそのあと家に帰ると、お母さんと毎回大げんか。でもさ、お母さんがヒスな間、家にお父さんがいても、黙ってるだけで、なんにも言ってくれないんだよな。ちょっとくらい庇ってくれるとかするよね、ふつう？ほんと、大人なんて、自分の都合ばっかりで、みんな早く死ねばいいのに、って思ってた」

星里奏 「お母さんも、いろいろ不満だったのかもしれないね。でも、バレエとかピアノのおかげで、あなたすごく姿勢が綺麗で、品があるよ」

まあさ 「うん。やめちゃったけど、バレエはやっててよかったと思う。バレエの先生は好きだったし、体幹とかインナーマッスルとか、鍛えること教えてくれたし、先生に言われた時はわからなかったけ

ど、『自由な表現が運命を変える』とか、今だとなんか、すごく好きな言葉」

　真麻ちゃんの話を聴きながら、私も子供の頃を思い出し、置かれた状況はまったく異なるけれど、ひとごととは思えませんでした。
　大人になって「統計学」に出会って知ったのは、私の子供時代も、真麻ちゃんと同様、「冬の季節」だったということ。そう考えると、私も母のことが受け入れられず、かなり苦しい経験だったと思います。
　早くに父を亡くし、母は働きに出て、私は親戚中を転々と預けられるという経験をし、人には言えない辛い思いもしました。

人生初めての占いで
「幸せになれません」

　私が人生で初めて、いわゆる"占い"を受けたのは18歳のとき。占いが大好きな友達に、伊勢の占い師さんのところに行くから一緒に行こうと誘われて、ついて行きました。

　鑑定料は30分5千円。当時の私にとってはとても高額でした。

　その友達は美容師になるかどうかを迷っていたのですが、占い師さんからは「とても美容師に向いている。あなたは幸せになる。すごくいい人生だよ」と言われました。

　ところが私のほうは、とてもひどいことを言われたのです。「あなたがこれから行う人生の選択は、すべてうまくいきません。幸せにはなれません。一生孤独です」と。

　18歳でそんなことを言われたら、ものすごくショックで…。おまけに「結婚したかったり、子供がほしくなったりしたら、私のところにもう一度来なさい」と言われましたが、そんなの行くわけないですよね。帰り道、友達は「占いってすご～い」とルンルンでしたが、私はそこから占いが大嫌いになりました。

　私の生まれた伊勢には、「霊が見える」とか「オーラが見える」という霊能者がすごく多く、「言ったもん勝ち」のところがあり、「見える」と言う人がいれば、ワッと人気が出るのです。それで友達が「私の前世は姫だったと言われた」などと聞いても、「はぁ？　あんたが姫？　ありえへん」と、ずっと思っていました。

　もちろん霊能者の方すべてを否定するわけではありませんが、残念なことに偽物が多いのも事実です。

　だから私自身は、見えるとか見えないとかではなく、自分の選択でどんな行動をするかが大事だと思っていますし、幼い頃に祖父から繰り返し言われた「どれだけ徳を積むかで、人生は変わる」という言葉を胸に刻んで生きてきたのです。

　18歳の時に占い師さんに散々なことを言われた私ですが、その後、医療関係業界に従事し、認められて独立し、一流の団体などともお取り引きさせていただき、順調な日々でした。

　その後、鑑定師として活動を開始。人を傷つけるような占いは、あってはならない、という信条で、紐解き師として現在のように多くの方のお役に立てるようになりました。

運命を変えた「統計学」との出会い

　初めての占いで「幸せになれない」と言われて以来、占い嫌いだった私に転機が訪れたのは、20代を半ばも過ぎてから。
　これまた友達から、
「東京から統計学の先生が来るので予約したんだけど、私インフルエンザで行けなくなったの、代わりに行ってきて」
という電話を受けたのです。
　今度は1時間2万円！「え〜っ！」と思いながら、仕方なく、のこのこ出かけて行きました。

　それが統計学との初めての出会い。そして、その時のことは一生忘れられません。なにしろ面食らう体験だったのです。
　その先生は、一目会うなり、私の顔をジロジロと見て、
「やぁ、ついに来たね。待ちくたびれたよ」
「え？　はぁ。…時間通りですけど？」
「あなたは、生まれた時から、鑑定師になる星と決まっています」
「……」
　私はあっけにとられながらも、
「そうきたか〜。これが常套句で、きっと誰にでも言うんだわ」と考え、
「残念ですが、私は友達の代理で来ました。私はこういうものは信じません。でもどうぞ、観てください」と。
　いま考えるとすごく生意気なことを言ったのですが、その先生は「じゃあ、あなたとお母さんの生年月日を観ましょう」と鑑定を始めたのです。

　私は子供の頃から、なによりも自分の母親との関わり方で、すごく悩んでいました。
　小さな子供というのは、親を全能とみなします。ですから「なんでうちの母はこうなんだろう」「なんで私の人生はうまくいかないんだろう」と、母に矛先を向けて不満だらけだったのです。

人の個性は重要なもの、
人生には巡りがある

　けれども、統計学を知ったことで、人それぞれの個性は、もっとも重要なものであり、巡りもある。私や母が生まれながらに持っている運命周期や、数があるとわかって、「人間同士って、それぞれのバイオリズムで、合う時、合わない時があるんだ」と、あたりまえのことですが、理屈というより、シンプルに腑に落ちたのです。

　私が6歳の頃、父が早逝しましたが、夫に先立たれて「母も、ひとりの人間として、寂しかったんだろうな」というように、憎しみしかなかった母を、ひとりの人間として徐々に受け入れられるようになり、気持ちが軽くなりました。

　また、母の愛情を受けることなく育った私は、周りの子供たちとは違うことにしか興味を持てず、変人と言われ苦しんでいた私に、祖父が言ってくれた「人はそれぞれでええんや」というのは、こういうことだったのかと、ひとつに結びついたのです。

　そういったことに気づくと、自分の人生にも光が見えてきました。それまで私に起こった不遇と思えるような出来事は、すべてつながっていることを知り、長年の疑問が氷のように解けていく気がしました。

　そして、「世の中の人が、この統計学というものを活用したら、もっとみんな楽に生きられるじゃん！」と思いました。

　でも、出会ったその日に突然、「あなたは鑑定師になるのです。明日の朝10時まで僕はここにいるから、必ず来なさい」と言われても、そんな覚悟も、決心の暇もありません。「明日は予定があるから、絶対無理だもんね」と、自分に言い聞かせるように決めつけたのです。

　ただ、人生にバイオリズムというものが本当にあるのなら、必然の巡りとして、朝10時までに行けるようになる、という確信もありました。

　実際、家に帰ってみると、明日の予定がキャンセルになるという連絡があり、「へぇ」と思って、翌朝その先生を再訪しました。そして、「ご縁があったようなので、初級だけは学びます」とお答えして、そこから統計学の学びが始まったのです。

　あとで知ったことですが、私を誘ってくださった先生は、その上の先生から「いずれ、君はこの星を持っている人間と巡り会うから、必ず弟子にしなさい」と言われていたそうです。

占いが嫌いだった私が、統計学と運命的に出会ったのは、まさに巡り合わせ。そこから人生が変わっていきました。

　それから統計学だけでなく、心理学やシュメル神話、創造知能プログラムなどを取り入れ、深いレベルの「紐解き」という私オリジナルの個性運命學ができあがりました。これを活用し、これまで1万5千人以上の方々の運命を紐解いてきました。

　自分自身が日々体験し、多くの方の成功していく姿を目の当たりにしていますから、鑑定よりも更に深いレベルの「紐解き」には、生き方や未来を変える力があると、自信を持って言えるのです。

一期一会で目の前の人を応援する

　私は子供の頃から「死生観」みたいなものがあって、「誰でもいつかは死ぬ。ホントに明日死ぬかもしれない」という思いが心のどこかにあります。
　よく日本人は、後悔しない選択という意味で、「一期一会」や「一日一生」と言いますよね。私も「目の前にいる依頼人様のために」という思いでやっています。
　「なぜ星里奏先生は、『冬の時期は動いてはダメな時期だから、やめたほうがいいよ』と言わないんですか？」と聞かれることがあります。それに対し私は「だってやりたいんでしょ？　それに応えるのが紐解き師の役目だから」と答えます。
　まずその人を応援することが私たちの役割。たしかに「冬だからやめたほうがいいよ」と言うほうが安全なのです。鑑定師としてはリスクがなく、自分を守れるから。
　でも、人生にはタイミングがあって、大きい波、中くらいの波、小さい波があるので、どこかの波を活用することでうまく乗ることもできます。
　だから私は「今は冬で、こういう時期ですよ」ということをお伝えして、それでも「やりたい」とおっしゃる方には、背中を押して、成功する方法を全力でお伝えします。

　ただし、背中を押さない時もあります。それはその人が自分の役割をはっきり自覚していない時。たとえば、植物でたとえるなら、根っこのように縁の下の力持ち的な役割で、他者の支えに回ることで、自分の人生の花を咲かせるタイプの人もいます。なのに「自分は花だ」と思い込んで、花になることを目指してしまう。そういう人には「違いますよ」とはっきり言います。そして、その方の人生の花を咲かせるための方法を丁寧に説明します。
　「花になりたい」と思う人は多いですが、花って本当は弱いのです。一輪挿しにしても長生きできないし、他の枝や幹や根っこがあるから咲けるはずなのに、みんな花だけしか見ようとしない。「花がいい」と勘違いしてしまうことになります。
　いちばん大切なのは、その人の個性に合っているかどうか。単に「誰かに言われたから、今この事業を興さなくてはならないのだ」というような人の背中は決して押しません。
　でも、紐解いてみて、その人の個性もぴったりで、「いける」と思った時は、リスクをとってでも応援するのが本物の紐解き師。
　ポーンと押すし、時には飛び蹴りもしますよ（笑）。

過去に向き合えないなら「紐解き」の意味はない

「紐解き」を受けても、なかなかうまくいかない人がいます。それは素直に振り返って自分の過去と向き合うことができない人。

自分のことをいつまでも正当化する人は、自分を正当に見せかけるのに忙しくて、真から正当になろうとする気のない人です。こういう変な趣味の人は、いくら「紐解き」を受けても結果や成果は出ません。

チャレンジしたくない人や、望む結果を得るための改善や修正をしたくない、できない人は、「紐解きなんて、当たらない」と言います。しかしそれは、自分がしたい選択を自己正当化するためのツールとして人の意見を使おうとしているだけで、自分の思い通りの答えではなかったり、自分のルールに当てはまらないなら、「当たらない」と認識するのです。フロイドが言うところの「自我」の防衛ですね。

けれど、自分の「個性のチューニング」にチャレンジできる人は、「当たる」と言う。それは「個性」を知り、バイオリズムを知り、素直にチャレンジするだけでタイミングがあっていくという、いたってシンプルな話。

そこが今までの成功法則や自己啓発では解けなかったところなのです。誰にでも満遍なく通用する法則などあろうはずがありません。

今までの自分を振り返って、個性による過去の影響を知り、この先どう生かしていくかが重要です。過去の大切さを理解し、振り返って受け入れてもらうためには、過去と向き合ってもらえるように意識してトークするよう心がけています。するとそこから成功者が続出するようになりました。

多くの占い鑑定を受けてもうまくいかないのは、そこが欠けているからなのです。

「幸せになりたい」と思っている人は多いですが、その第一歩、まずは「己を振り返ってみましょう」というところからスタート。大抵の人は、そこで「あちゃー」となります。辛い過去や、思い出したくもないこともあるでしょう。でも、勇気を持って向き合えば、間違いの元は、いたってシンプル。どこかで選択を間違えていたり、タイミングがずれていたり、それがバイオリズムなのか個性なのか、それを生かせているのか生かせていないのか。きっと今までわからずに、間違った選択をしてきたから、「あちゃー」となってしまうのですね。

でも、今後はバイオリズムや個性が生かせますから、未来に期待して、受け入れていきましょう。そこにかなりの労力をかけますから、それによって「紐解き」ってすごい！　と、いちばん感じてもらえると思います。

出逢い［回想1］ 今から十五年前
初夏　午後十一時、箱根町

夜半、雨。

箱根新道を西へ向かう大型セダンは、私を乗せて依頼人の元へ向かっていた。

助手席の男性が時折、「あと何分です」と告げる以外、車内は終始無言だ。運転席と助手席にはスーツ姿の大柄な男性がふたり。私はひとり後部座席に座り、雨の滴る窓外の、街灯ひとつない闇を見つめる。前方で忙しく往復するワイパーの先には、先導するパトカーの赤色灯だけが瞬いている。赤い灯に照らされる時だけ、暗闇に林立する背の高い杉の木立が確認できた。

まるでヘタな映画のワンシーンのようだが、現代でもこのような人物が、やはり実在するのだ。当時の私は、まだ30代前半。

その夜の依頼人は、かつて、マスコミや興業公演に大きな影響力を持ち、芸能界の影の女帝として知られた女性だ。

2年前、紐解き師として活動を始めた私の鑑定の評判を、ある大物ミュージシャンから聞き、一度会ってやろうとのことらしい。

やがて車は大通りから狭い路地へ入り、パトカーはUターンして、来た道を戻って行った。山奥へ通じる道の幅は狭く、車幅はギリギリだ。道へかかる枝や草が時おりサイドガラスに触れ、バシッと鋭い音を立てるたびに、必要以上に敏感な反応をしてしまうのは、緊張のせいだろうか。

ゆっくり500メートルほど進むと、数寄屋造りの大屋根が見えてきた。間接照明がちらほらと点灯し、車は車寄せへ入り、ようやく視界に明かりが戻る。ひどく眩しい。

玄関へ現れた初老の男性が、丁重にドアを開けてくれる。身のこなしは上品で、対応はとても慇懃だ。

こちらからどうぞ、と式台を上がり、屋内へと通される。薄暗い長い廊下を奥へ進みながら、いよいよ私の心臓は、緊張ではちきれそうになっていた。

そしてその夜は、知らない世界へ踏み込む、第一歩となった。

［回想2］へ続く

「紐解き師」こそ、人間臭くあれ

　私が学んだ統計学には偉大な創始者がいました。その直弟子ともいえる先生が私の師。私が統計学を学ぶきっかけになった「この星を持っている人間が来るから引き抜いてきなさい」とおっしゃった方でした。

　その先生には大勢のお弟子さんがいたのですが、私と初めて会った時、「あなたは見込みがありそうやな」と言われました。

　最初のうちは意味がわからなかったのですが、いつも一緒に行動させてもらえるようになり、ふたりだけの時間のなかで「実は統計学ってもんはな…」と、他のお弟子さんが聞かされないことも教えてくれたのです。

　そのなかでもとくに印象に残っているのが、「これからあなたはたくさんの人と出会って、鑑定をして、人を応援しながら自らも成長して、時代も紐解いていく。鑑定師こそ、とどまるところがないんやからな。鑑定師こそ、人間臭くならなあかんのや」という、ステキなお言葉。

　また、「人のいちばん下になるのが鑑定師の役割なんだから。時には自分を消さなきゃいかんこともある」ともおっしゃっていました。

　ただ残念なことに、鑑定師の多くは自尊心が顔を出し、「教えたい」という気持ちが強かったり、「これはダメ」「あれもダメ」と言ったりしますね。

　依頼人より優位に立ちたい、指導したい、コントロールしたいという鑑定師によって、その結果の反作用が働き、占いや鑑定嫌い、騙される、といった抗体を作ってしまうことがあります。

　かく言う私も鑑定師になってから、依頼人様の強い希望、周囲の勝手な都合や、甘い言葉に乗せられて、痛い目に遭ったことも。ただ、それは統計学上では「絶対ダメだけど」という時期に、異なるアドバイスをしてしまったという反省もあるし、しかしまぁ、それも経験だと思っています。「ちゃんと自分の道を歩いていけば、また違うステージの人と出会うわ」という不思議な自信だけはあったのですね。

　そして実際、私をプロデュースしてくれる現在の社長に出会い、一般社団法人ABD協会を立ち上げることができました。

　多くの依頼人様と接して経験を積み、苦い経験も結びついて、肩の力を抜いてフレンドリーに依頼人様と関わるようになって、「あっ、人間臭い鑑定師って、こういうことなんだ」と感じた瞬間、鑑定の幅がぐっと広がり、鑑定させていただく方のレベルも変わっていったのです。だから私はこれからもいちばん下から支えるのが「紐解き師」の役割、人間臭い「紐解き師」でありたいと思っています。

共に寄り添う

　私をプロデュースしてくださっている現在の社長は、これまでコーチングやティーチングなど、私とはまったく異なる分野で「人と向き合う仕事」をなさっていて、素晴らしい実績もお持ちでした。数年前、社長と出会い、コーチングや精神分析療法など、私の知らない分野のことを教えていただき、
「あ、こういう活動って、鑑定で単に人を裁いて終わるのではなく、そもそもの帝王学の在り方の観点からそのあとも依頼人様に寄り添い、人生の改善に、共に歩んでいけるのじゃないか？」と考えました。

　そうして、私自身もコーチングの勉強を始めて、社長の指導もあって徐々に気づいたのですが、人の成長をお手伝いするには、教科書通りの方法論や、テクニックだけ身につけても、どうしようもないということでした。
　人は孤独であると、精神力がよほど強靱な人でない限り、簡単に挫けてしまうものです。自分の夢や目標の達成にチャレンジする際、共に喜び、勇気づけ、時には叱り、悲しみ、共に歩んでくれる人物が、どうしても必要なのです。
　そういう心の支えになってくれる人物が、不幸にして周りに存在していない人もいます。横の繋がりが喪失しつつある現代では、そんな人たちが確実に増えている…。コーチングに期待を持つ人たちが求めているのは、そんな、自分と共に歩んでくれる存在です。共に寄り添う奥深さを学びました。

　とはいえ、コーチングのテクニックだけ習得すれば、誰でも彼でも心の支えとなれるかというと、そうではありません。テクニックなどではなく、しょせん必要なのは、コーチの人柄や器量であり、そして成功だけではなく、苦しみや悲しみの経験など、つまるところ「人物」でなければ、人に寄り添う価値はないのです。
　なんだか自分の社長をヨイショするようですが、現在の社長は、申し分なく、様々な業種業界においてこの分野での実績をお持ちでした。
　そこで、現在の社長と相談し、ABD協会では、私の紐解きに加え、依頼人様に寄り添うためのさまざまな手法を研究し、「創造知能プログラム」を完成させました。
　この創造知能プログラムを鑑定に加えることによって、お客様から大きな反響をいただき、その後、ご紹介件数が10倍以上に増えることになりました。

人は、自分のアイデンティティを持てば、ひとりで主体性を持って自主的にやるものです。自分は運動が秀でているとか、勉強が得意だとか、この分野なら絶対に負けないとか。それらが自分のアイデンティティと化せば、子供でも、親にうるさく言われなくても、放っておいても勝手にやるでしょうね。

　昨今、というか昔からですが、大人になってもアイデンティティなくただ生きている人はとても多く、言っちゃ悪いですが、こういう人はゾンビと同じです。英国の上流社会などでは、こういう人がもっとも軽蔑されます。英国の貴族の子弟が通う寄宿学校では、勉強ばかりでなく、自己の確立こそもっとも力を入れて教育を施しているのです。

　このアイデンティティの拠り所を、私たち個性運命學では「個性」とか「命(めい)」と呼んでいますが、依頼人様が、ご自分のアイデンティティに確証を持って、おひとりで社会という大空へテイクオフできる日まで、応援しお付き合いしていきます。

　先ほど唐突に始めた、回想の続きをお話ししますね。
　この夜の依頼人、Mさんから相談を受けた内容は公開できませんが、しかし、その内容のことよりも、まだ若かった当時の私は、彼女から数多くの示唆や教訓をいただいたのです。

　鑑定師としてスタートして数年経った頃、依頼人も順調に増え、評判もそれなりにできあがって、私も「指導したい」「教えたい」「私が人を導いている」などと、つまらない自己重要感が形成されつつあった時でした。そんな矢先、以前より依頼人様であったミュージシャンの方から、「業界を仕切っている誰も逆らえない怖い人が、君を呼んでいるよ」と言われ、え？　ここまで順調に来たのに、もう潰されるか？　ついに試練が来たか？　と内心憂鬱になってしまったのです。けれども、鑑定には自信があったし、女帝って、どんな人？　という好奇心と憂鬱と緊張が入り混じった複雑なわけのわからない心境で、その夜訪ねて行ったのです。

第7章　學問との出会い　139

出逢い［回想2］

　廊下を奥へ進み、応接室の扉の前まで通されると、案内してくれた男性と入れ替わりに、奥から出てきた、若くて小柄な女性が入口の扉を開けてくれた。
「今夜は遠いところ、ようこそいらっしゃいました。さあ、中へどうぞ」
　そう言いながら彼女は私を応接室へ招き入れ、ソファへ案内する。
「コーヒー、それとも紅茶にします？　夜だからお酒を召し上がるかしら？」
「コーヒーをお願いします」
　彼女は部屋の隅のカウンターでコーヒーを注ぎ、カップを私の前のテーブルに置くと、再びカウンターに戻り、もう一杯コーヒーを入れながら、ニコニコとしている。
「先生、夜更けにこんな山奥まで呼びつけちゃって、ほんと申し訳ないですね。私たちも夕方まで東京にいて、なにしろこんな時間しかとれなくて」
　時計に目をやると、もう零時を回っている。
「あ、あのー…。M先生は、もうこちらへお帰りになっているのですか？」
「？」
「いやその…。今夜の依頼人様と言うか…」
「なに言ってるのよ。私です」
「！」
「それに、先生ってのやめてくださいよ。おかしいわね。先生はあなたでしょ？」
　私は「やってしもた」と思った。
　数年後に、私が同じ目によく遭うことになるのだが、その時は目の前にいる小柄で若々しい女性が、かつて芸能界の女帝と言われたMさんとは、まったく考えられもしなかった。それに50を過ぎていると言うが、どう見ても30代にしか見えない。そしてやたら愛想がよく、服装もカジュアルなので、マネージャーさんか娘さんかと、勝手に決め込んだのだ。
　彼女は笑いながら続ける。
「もう、やーね、どんなのが待ち構えてると思ったのよ？　またあいつらー（私を紹介してくれた人たち）、わけのわからないことあなたに吹き込んだんでしょ？　悪ふざけばっかでさ。妖怪じゃないんだから。でもさ、そういうことじゃ、あなただって、若くてずいぶん損なさってるんじゃないのかしら？　"運命の鑑定師"だなんていうと、白髪のヒゲとロン毛とか生やして、黒い眼帯してるようなお爺さんが、怖い顔して杖でもついてさ、フンッ、日本は滅びる！　なんて威張ってなきゃ、説得力ないわよ

ねぇ。あ、コーヒーおかわりは？」

とカラカラと笑う。なんと朗らかに、よく喋るのだろう。

初対面とは思えない。ずっと昔から見知っているような、懐かしさと安心感と、そして彼女のくだけた感じの中には、私への気づかいや配慮や、そして一目で人を見抜く鋭さも、確実に具わっている。

出会ってまだ5分と経たないのに、私はすでに彼女に魅了されつつあった。

それまでも私は、芸能人や政治家、経営者や大金持ちの方たちの依頼人を、数多く見ていた。成功者である彼らはたしかに聡明で、人への対応もスマートだが、威厳があり、隙がない。

しかしその夜は、人の真実を見た思いがした。

片々たる地位やお金を誇って威厳を見せつけても、自分の器量も知らず根拠なくいばりちらしても、人を畏れさせるだけで、何の魅力にも映らない。

権力や金の力によるのでも、恐怖や焦燥で人を動かすのでもなく、人を集め動かすのは、その本人の魅力に他ならない。業界からは女帝などと呼ばれ、女帝というと勝手に恐ろしいイメージを抱いていたが、彼女は、屈託のない明るさで周囲を巻き込み、次々と人が集まってくる。一緒にいると、なんだか人生が楽しそうだと思わせる。おもしろい企画が生まれそうだ、またここに戻ってきたい、会いたい、と。それこそが、まさに王の資格なのだ。

私はひとり勝手に、現実の人間に「帝王学」を見た思いがした。たしかに彼女は女帝だった。それが、その夜の出来事だった。

彼女の鑑定依頼のおおまかな内容は、家族のことで、ある行動を起こす日付を鑑定で決めてほしいとのこと。

当時、私の鑑定では、まだ「○○の神」ではなく、惑星の名前を神の名にあてていた。

彼女と鑑定の対象家族の星は、火星神（かせいしん）と天王星神（てんのうせいしん）だったが、そう伝えると、

「星里奏センセーさ、『かせいしん』って言われても、なんか宇宙人みたいよね。ピンとこないじゃん。それに、私火星人ってなると、またあいつらー、なんて呼ばれるか知れたもんじゃないし（笑）。それに、そういう呼び方って、六占星術とかでも同じじゃん？　あなたのやってることはこれまでとは違うんだから、もっとオリジナルな何か、そうね、もっと自然にちなんだ名前とかにしなさいよ。海とか山とかさ、それっていいわよ」

私は「痛いところを突いてくるな、でもなるほど、海とか山か…」と思

い、それを取り入れて、現在の個性運命學の「神」の名称ができあがった。
　そして、Mさんの人格に触れ、気づいたことがもうひとつ。
　Mさんからは、後日、多くの素晴らしい方々の鑑定依頼を紹介いただくことになるのだが、そういった特別な方々と触れ合い、「はい、鑑定して終わり」という関係ではダメだということ。
　それまでの私の鑑定は、依頼人の要望そのままを鑑定、たとえばそれは、商売のお金儲けや、会社での出世のこと、彼氏や彼女を作るとか、うるさい姑を避ける方法など、それが短絡的であれなんであれ、依頼人の望むままに鑑定を行ってきた。そしてそれが当然だと思っていた。依頼人の希望を、私が叶えてあげているのだ、と。

　そして私は、鑑定師としてスタートして以来、社会的に成功している人や、有名人の依頼人もでき、順調で得意になっていた。そして私は図に乗っていたのかもしれない。それが当然だと思う者に、感謝の念などあるはずもない。
　しかしこの夜、人には、上がいる。上には上がいる。いくらでも上がいる。自分など到底及ばない、大きな人格や器量と触れ合い、なぜか、自分の周りの人に感謝したい気持ちでいっぱいだった。世界は大きいぞ、と。そしてこの世界のために、私にできることはなんだろうか？　私は、もっとも依頼人に寄り添った鑑定師であるために、依頼人の人生をより長い目で見た、目先の利益よりも、もっと人生の大きなテーマに沿った鑑定を、原理原則としていこうと心がけた。そのため、短期的に利益を出せず去っていく依頼人も後に出たが、多くの依頼人は一生のお付き合いができるようになった。

　私が依頼人を変え、依頼人が私を変える。依頼人が紐解き師を作るのだ。

....

　よく、良い老舗のバーでは「お客様が店を作る」と言いますね。
　いったい、人の世の幸せとはなんだろう？　この夜、Mさんと出会う機会を頂き、そんなことを真剣に考えるようになりました。
　人生の先輩に触れ合って、またひとつ育ててもらった私は、より多くの人にこの感謝を還元していきたいと思っているのです。
　そう、私自身が気づいたのです。
　私の紐解き師としての、これが「命」なのだろうと。

安岡正篤先生

　故・安岡正篤先生は、私の師のさらに上の師です。30年以上前に他界されていますので、私は直接お会いしたことはありませんが、私の「個性運命學」を根底で支える哲学の大元は、安岡先生のお教えから頂いています。

　安岡正篤先生は、明治31年大阪市に生まれ、幼い頃より論語、漢詩、剣道、禅に親しみ、柳生藩大参事であった陽明学者・岡村達（とおる）・閑翁（かんのう）先生により東洋思想へ導かれます。
　第一高等学校を経て、東京帝国大学法学部政治学科卒業、東洋政治哲学・人物学を専攻し、同年秋に東洋思想研究所を開設。
　大正11年（25歳）、卒業記念に書いた『王陽明研究』が言論界で評判を呼び、同年秋に東洋思想研究所を開設。陽明学者、教育者として生きることを決めます。
　昭和2年に金鶏学院、6年に日本農士学校を設立。戦前・戦中、日本を指導した多くの思想家、軍人、政治家を教育します。大川周明氏によって紹介された元海軍大臣・八代六郎海軍大将（当時64歳）などは、38歳年下の安岡先生を、生涯の師と仰いだそうです。

　戦後、安岡先生の最大の功績と言えば、『終戦の詔書』起草に関わられたことではないでしょうか。
　起草にあたる際、次のふたつのことをお考えになったそうです。
　ひとつは、日本開闢以来、初めて屈辱の詔勅を、陛下にお出しにならねばならない、であるから、降参した、負けた、などと絶対に口にしてはならず、どこに負けたといえば中国に負けたのであるから、中国の古典に則って、中国人が腹を立てるよりも、逆に中国の教養に驚嘆するような言葉を入れたい。
　もうひとつは、戦いに敗れて降参するのではないと。孫子の中にも「勝敗は兵家の常」ということがあるように、日本が降伏するのは、勝った負けたではなく、もっと高い道徳的立場からするのだ、ということだったそうです。
　そして詔勅へ提案した言葉が、
「萬世の為に太平を開かんと欲す」、
「義名の存すところ」で戦いをやめる。と。

　ところが、前者は採用されましたが、後者は閣僚会議によって落とされ

「時運の趨く所」に変更されたそうです。「時運の趨くとは、風まかせのことか！」と、この酷い言葉に、安岡先生は晩年まで悔しがっておられたそうです。

　私は、この「終戦の詔書」こそが、あの戦争の敗北から日本人を救い出したと信じています。詔勅が出なければ、または単なる降伏の文であったならば、日本人の「日本」は、あの時、終わっていただろう。日本人の最後の自尊心を、あの夏の昭和天皇のお言葉が、守り通したのです。

　そして戦後、佐藤栄作首相、中曽根康弘首相に至るまで、昭和歴代首相の指南役を務め、そして三菱、東京電力、住友、近鉄グループなど、日本を代表する政・財界に多くのお弟子さんがいらっしゃいます。このようなことから安岡先生を「昭和の黒幕」とする向きもありますが、そのような言われ方を大変嫌っていたそうです。
　ご本人は一介の教育者であることを貫き、政策や経営の専門的なことに口を挟めるわけもなく、各界の方々の精神的支柱として、指導者はかくあるべしと、帝王学を講じていたのみです。
　また、竹下登元首相はのちの講演会で「平成元号は安岡先生が考案者」と述べましたが、先生は昭和58年12月、既に鬼籍に入られていましたので、ことの真相は明らかではありません。

第 8 章

成幸するための
神様との付き合い方

「三大神勅」は日本の成幸法則

　日本には、「三代神勅」というものがあります。
　私はこれこそが日本の帝王学、究極の成功法則だと思っています。

　三代神勅は、8世紀頃に編纂された、我が国最古の歴史書「古事記」「日本書紀」（「記紀」）に顕れる記述です。日本史上においては、これより古い記録が公式には認められていませんので、以前の歴史を知ろうと思うと、中国大陸、朝鮮半島の歴史書に拠らなければなりません。
　それにしても、この天孫降臨神話や三大神勅、まるきりの創作とも思えず、なにか歴史的事実に基づいて伝えられてきたと考えるのが普通だと思います。

　私は、三重県伊勢市磯部町恵利原で生まれ育ちました。伊勢神宮の神宮林を抜けたところにあります。「天の岩戸」や「鸚鵡岩」があるところで、神宮・内宮の別宮、伊雑宮が、私の幼い頃の遊び場でした。
　伊雑宮については後述しますが、私はこの、「天孫降臨や三大神勅」の神話の起源は、記紀以前の、遥かむかし、遠く海を越えてこの紀伊半島にたどり着いた民族の物語が、時を経て神話になったものと信じています。
　西暦645年、蘇我入鹿暗殺事件（乙巳の変）の火災によって、「天皇記」「国記」など、我が国の重要な歴史書の多くが失われます。その後、記紀編纂が開始されますが、そのため、それ以前の歴史の真実を知る手立ては今のところありません。この国の始まりの、何か重要な真実を、私たち日本人は知らずにいるのだと思います。
　おそらくそこには、遠く古代メソポタミアを発し、海を渡って伝えられたシュメルの天文学も存在し、帝王学の起源が隠されているのではないかと考えているのです。

　西洋占星術や、大陸の占術ばかりに頼らなくても、我が国にも、きっといにしえより伝わる素晴らしい帝王学がある。私たち日本のための、日本人が育んだ成功法則が。
　その秘密は、日本各地の神社に隠されているのだと思います。

　「神勅」とは、文字どおり「神の与えた命」。
　天照御大神が孫の邇邇芸命に託した三つの神勅を指して「三大神勅」と呼びます。
　ここには現代にも通じる深い教えが書かれていますから、ぜひ知ってお

いていただきたいと思います。原文の書き下し文、現代語訳のあと、私流に解釈してみますね。

◯ 天壌無窮の神勅

豊葦原の千五百秋之瑞穂の国は、是れ吾が子孫の王たる可き地なり。
宜しく爾皇孫就きて治せ。行牟、寶祚の隆えまさむこと、當に天壌と無窮かるべし。

現代語訳

豊に穂が生い茂るあの瑞々しい聖なる国は、わが子孫が代々治めるべき地である。
我が子よ行って治めなさい。さあ、お行きなさい。
お前たちのその王たる位は、天地と共に永遠に栄えることでありましょう。

解釈

「吾が子孫」は、皇室のみを指すものではありません。私たち日本人は、皆、「神の我が子」なのです。皇室の方々はその代表という重責を代々体現なさっておられますが、私たちはひとりひとりがこの国の「リーダー」。ひとりひとりが、自分の国との自覚を持って、この豊かな瑞穂の国を治めていくのです。そうであれば、永遠に栄えることを、神様がお約束くださっているのです。

◯ 宝鏡奉斎の神勅

吾が兒、此の寶鏡を視まさむこと、當に吾れを視るがごとくすべし。
與に床を同じくし、殿を共にして、斎鏡と為す可し。

現代語訳

わが子よ、この鏡を視ることは、私を見るのと同じであると考えよ。
この鏡を常にそばに置いて、祭りをなす時の神鏡にしなさい。

解釈

神社には鏡が祀られています。「鏡に映る自分の姿を見て、自分自身が神だと思いなさい」ということです。そして、自分が神＝リーダーとして、どんな行動をすればいいのか、鏡の中の自分に常に問いかけるのです。
これは、私の個性運命學の原点になっている神勅です。

○ 斎庭稲穂の神勅

吾が高天原に所御す斎庭の穂を以て、亦吾が児に御せまつるべし。

現代語訳

私が高天原に作る神聖な田の稲穂を、わが子に授けることとしよう。

解釈

神聖な実りを、私たちに与えていただきました。稲穂とは農作物のことではなく、私たちひとりひとりが考えることのできる「心」です。それは、それぞれの個性、天命を知る知性、試練、それを乗り越える力、創造する力、幸福、成功へ至る道など、自分で運命を運ぶことができる力を、神様は原初より私たちに与えてくださっているのです。

　この素晴らしい「三大神勅」によって、神様が私たちとともに、常にいらっしゃるのです。さあ、もはや、何を畏れることがあるでしょう？

　これは古来、伝えられている素晴らしい日本の教え。ひとつひとつの教えの意味を理解して、実践していきましょう。

「鏡」から「我」を とったら「神」になる

　私の「個性運命學」では、ひとりひとりの個性を「神」にたとえています。これは「自分もまた、神である」という意味です。

　私が子供の頃、我が家の神棚には、鏡がかかっていました。当然、神棚を見るたびにそこには自分が映るのですが、祖父は「自分を神や思わなあかんよ。他人も自分やで」といつも言っていました。

　この考え方は、「三大神勅」の中の「宝鏡奉斎の神勅」に通じます。
　鏡の中にいつも自分は見える、自分を見なさい。そして、そこに、神はいる…という教えに基づいています。
　ですから「個性運命學」では、十二の個性を「○○の神」と名づけることにしたのです。

　また、神宮の宮司さんからは、「鏡から『が』を取ったら『かみ』になる」と教えてもらいました。小さい頃、何気なく聞いた話なのですが、私の記憶にはしっかり刻まれていて、やがて「個性運命學」を構築する際に、「神の名前をつけよう！」と心に決めていました。

　古代より日本には、八百万の神がいると考えられてきました。個性豊かなさまざまな神様がいて、私たちにとって、神様はとても身近な存在。
　あなたも、自分の「神」の個性を知って、自分らしい人生を切り拓いてください。

早わかり「伊勢神宮について」

私たちが親しみをこめて呼ぶ「伊勢神宮」や「お伊勢さん」ですが、正式な名称は、地名をつけない「神宮」。2000年以上の歴史があり、八万社を超す日本の神社界の中心として特別な崇敬を集めています。

日本人であれば、日本の神様について詳しく知っておいていただいて、外国のお友達などとお話しする際、自慢していただくと、文化的な会話が広がりますね。

神宮の中心は三重県伊勢市、五十鈴川のほとりに御鎮座する「内宮」と、市街地に位置する「外宮」のふたつのお宮。内宮の正式名称は「皇大神宮」、外宮は「豊受大神宮」と言います。

伊勢神宮はひとつのお宮のことではなく、内宮、外宮の他、14ヶ所の別宮、43ヶ所の摂社、24ヶ所の末社、42の所管社からなる125社の総称です。

神宮の宮域は約5500万平方メートルで、伊勢市の4分の1を占めます。樹木の伐採が禁じられている境内一帯の「神域」(約93万平方メートル)と、それ以外の「宮域林」(約5400万平方メートル)に分けられています。

日本人の総氏神である天照大御神(P162参照)をお祀りしている神宮は、神社本庁より全国の神社の本宗と位置づけられています。記紀(古事記、日本書紀)の中で、もっとも尊い太陽の神として描かれる天照大御神が御鎮座するのが内宮。外宮には、天照大御神の御饌(お食事)を司る神、豊受大御神が御鎮座しています。神宮は、日本神社界で最高位の神社なのです。

○ アマテラスの誕生

日本の神話は、天地が分かれ、神々の住む世界が現れるところから始まります。

最初の夫婦神で、国生みの神である伊弉諾尊と伊弉冉尊(P163参照)から、さまざまな神々が生まれます。男神であるイザナギの禊により、天照大御神、月讀尊、建速素盞嗚尊が誕生。これを三柱の神とし、特にアマテラスは、数々の神々の中で最も尊い最高神として、八百万の神々が暮らす高天原を統治するようになりました。

○ トヨウケも誕生

夫婦神の女神であるイザナミからは穀物の神である和久産巣日神が誕生、その娘として食物の神である豊受大御神（P162参照）が生まれました。

○ 地上に降臨

アマテラスの命を受け、葦原中国（地上）を治めるため、孫である邇邇芸命が天界から地上に降臨する際、八咫鏡、八尺瓊勾玉、草薙剣の三種の神器を授けられます。なかでも八咫鏡は、アマテラスが「自分の御魂として祀り拝むように」と命じて渡したことから、もっとも重要視されている神器です。この八咫鏡が、内宮でお祀りされている、アマテラスの御神体なのです。

このニニギの子孫が、初代天皇である神武天皇となります。

○ 内宮、外宮の創建

第十代崇神天皇の皇女豊鍬入姫尊は、大和の笠縫邑に、はじめてアマテラスをお祀りしました。さらに第十一代垂仁天皇の皇女倭姫命が役割を引き継ぎ、御鎮座地を探して伊勢に入った時、アマテラスのお告げを受け、紀元前4年、現在の地に皇大神宮を造営します。

アマテラスの御鎮座から約500年後、第二一代雄略天皇は、夢で「丹波国の食事の神、等由気大神を呼び寄せよ」との神託を受け、内宮にほど近い山田原に豊受大神宮を造営します。外宮内に御饌殿を建て、朝夕の御饌をお供えすることにしました。

○ 式年遷宮の始まり

式年とは「定められた年」という意味で、遷宮とは「宮を遷す」こと。
内宮初の遷宮は690年、第四十代、四十一代、天武・持統天皇の主導で始まりました。外宮はその2年後の692年に遷宮。これが第1回式年遷宮となり、現在（2013年、第62回式年遷宮）まで続いています。

○ 参拝の広まり

室町時代には将軍・足利義満をはじめ、多くの武将や武家を中心に参拝が広まったものの、戦国時代の混乱期、120年以上にわたって式年遷宮が

途絶えるなど、神宮にとって苦難の時代が続きました。

　江戸時代になると、御師(おんし)が各地を巡って布教活動を行い、武家や庶民からの祈願を取り次ぐようになります。さらに参拝のための組織である伊勢講も確立。街道も整備が進み、庶民の間でお伊勢参りがブームとなりました。

○　おかげまいり

　約60年に1度、なぜか参拝者が爆発的に増える「おかげまいり」という現象が起こりました。白装束に柄杓を持ち、無料で宿を提供してくれる施行宿(せぎょうしゅく)に泊まりながら伊勢を目指します。旅ができない主人の代わりに、犬がお伊勢参りする「おかげ犬」などというのも登場しました。

　弥次喜多で有名な「東海道中膝栗毛」は、江戸後期の作家、十返舎一九の代表作です。伊勢参拝を思い立った弥次さん、喜多さんが、江戸を発して珍道中を繰り広げる物語で、庶民から武士にまで大反響を呼び、当時の大ベストセラーになりました。お伊勢参りに対する人々の関心の高さがうかがえますね。

○　伊雑宮(いざわのみや)

　私のもっともなじみ深い「伊雑宮」は、内宮の奥から一山越えた、志摩市磯部町上之郷にあります。神宮別宮14社のうち、伊勢国の外にあるのは伊雑宮（志摩国）ただひとつ。
　創建は古く、内宮と同じ約2000年前。作った人も同じ倭姫命。
　現在は、天照大御神の御魂を祀り、内宮別宮10社のうち、荒祭宮(あらまつりのみや)、月讀宮(つきよみのみや)、瀧原宮(たきはらのみや)に次ぐ社格となっています。

　ところが、地元のお年寄りから聞く、物部氏による古い言い伝えによると、伊雑宮こそ天照大御神がご鎮座された場所である、という伝説があります。同様の説は、聖徳太子編纂と言われる「先代旧事本記大成経(せんだいくじほんきたいせいきょう)」の中にもみられます。いろいろ論争があるようで、このことの真相はわかりませんが、その他にも、伊雑宮はたしかに多くの謎に満ちた宮なのです。

　神社や私の近所の社家には、誰も読むことのない文字や記号が刻まれた粘土板や、秦氏による舶来のものとされる謎の文章や図形など、いろいろ不思議なものが古くから伝わっていて、私も興味深く見せていただいたことがあります。
　これらは、ユーラシア大陸を経由せず、海路を使って古代メソポタミア

（シュメル人）から直接伝わった天文学や占い、農業、操船方法や漁業などの教えだと、私は考えているのですが、なにしろ学術的証拠もなく、というよりも学術そのものが存在せず、答えを知る人は誰もいません。
　いずれにせよ伊雑宮が紀元前から存在していたことは間違いなく、記紀以前の、いまだ知られざる日本の歴史が、ここにあるのだと思います。
　なにより、たくさん謎があることは、ワクワクして楽しいですよ。

　私は小さな頃から伊雑宮で育ちましたが、この神社ほど素敵な気分に浸れるところはありません。神社の森の中にいると、体の中の神様が元気を取り戻してむくむく育ってくるような気持ちになります。静かで小さな神社ですが、発せられているパワーはすごいですよ。
　是非一度訪れてみてくださいね。

もっと心を働かせよう

　私たちが幸せになれるかどうかは、いつでもたったひとりの神様にかかっている。神棚の鏡に映っている、あなた自身です。

　天は私たちに多くの贈り物をくれました。みんな生まれた時から持っていて、お金を出して買う必要もなく、決して誰にも奪えないもの。
　それは、あなたの心なのです。
　心をもっと使えば、自分を知り、自分で考え、自分で願えば、自分をも創造できるということです。誰にも邪魔されることなく、遠慮もいらず、いつでもどこでも、いくら使ってもなくならず、いえ、使えば使うほど、もっと高性能になってパワーアップする。自分の心の使い方次第で、自分は何にでもなれるということ。なんでも作り出せるということ。あなたを不幸へするのもあなた自身ですし、幸福へと至らせるのもあなた自身なのです。

　そう、私たちは、生まれた時からすべてを所有し、完全な成幸が約束されているのです。
　けれど、自ら心を閉ざしてしまっている人が、いかに多いことか。または、間違った幻の幸福を追っている人も、とても多い。それって、実にもったいないことです。どうしてもっと、心を働かせないのですか？
　幸福とは、皆に一様のものではなく、他人の真似をする必要なんてないのです。あなたがあなたらしく、最大で最高の満足を得られる成功が、人生が始まった時から、すでに用意されているのですから。

　脳と心を最大限に働かせて、自らの個性を知り、バイオリズムを見極めて、あなたの人生を、素晴らしい約束の地へと、自らの手で運んで行きましょう！

終　章

命

紐解きが、「失敗か？」という時もあります。

それはちょっと変わった依頼でした。医者から末期ガン、余命3ヶ月と宣告され、自宅で終末医療を受けながら過ごしている父親Cさん（82歳）が鑑定を受けたいと言っているという、娘さんからの連絡でした。

Cさん「ガンがすい臓から肝臓に転移して、もう体中ガンだらけだ。入院したての頃は、見舞いもちょくちょくあったが、長引いてくると友人らも足が遠のくもんだね。それで、退屈な病院で死ぬのは真っ平ごめんなので、自宅に帰ってきたんですよ。自宅にいると、この通り元気になりました」

本人の言う通り、末期ガン患者とは思えぬほど元気な様子で、ソファに座って、お茶を飲みながらよくしゃべる。ガン患者は死ぬ前は元気になるというが、こういうことだろうか。

「死ぬ前に元気になってもしょうがないか？」などとCさんは陽気に笑う。

「実は、知っておかなければ、死ねないことがあってね」

真顔になったCさんが、話し始めて姿勢を正した。

「むかし、安岡正篤先生に、一度だけ声をかけていただいたことがあるのですよ」

安岡先生の名が出て、私は驚いた。故・安岡正篤先生というのは、先述した通り、私の師のさらに師のことである。

「安岡先生の勉強会は、それは錚々たる面々でね。財界人を中心に、新聞に出ているような政治家の先生も座敷に居並んで正座しておったよ。私は当時まだ40代。社長の鞄持ちでね。いちばん後ろに控えて、並み居るエライ人たちの肩越しに、安岡先生の講義を、一生懸命覗き見ていたものです」

師からはよく話を聞かされていたが、私は安岡先生に直接の面識はない。Cさんはそのことを知ってか知らずか、続ける。

「勉強会の帰りにね、廊下で一度、先生とすれ違ったんだ。私は端によって最敬礼、深々と頭を下げていたんだが、先生が『君はいつも後ろにおるね。若い者がそんな消極的なことじゃいけない。次から前に座りなさい』と、笑顔でおっしゃった。たったそれだけですがね。私はもう感激でむせび泣いてしまった」

当時の政界や経済界に、安岡先生のお弟子さんは多い。往年の元気な頃は、多くのお弟子さんへ自ら帝王学の講義を行っていたそうだ。目の前のCさんも、そういったひとりだろうか。

「ところがね、そう言ってくださった先生が、やがて入院されてね。勉強

会はそれきり終了になってしまったのですよ」
　私は、いまだ見ぬ師である安岡先生を想い、かすかに目が潤んだ。

「それで、あとになって知ったんだが、なんだか、安岡先生は戦後から、運命の鑑定のようなこと始めていて、余技だから内緒だったというが、実際はなかなかすごいものらしくて、知っている人は知っていて、観てもらっていたというじゃないの。あとで聞いて、悔しくてね。私もその時に知っていたらと思うと、死んでも死に切れない。だからあなたが直々のお弟子さんだと聞いて、今生の思い出に、ぜひ」

　私が師より聞いた話によると、安岡先生は、敗戦の手痛い経験と、その後の社会のあまりに唐突な変化を、誰も疑わない風潮に嘆き、アメリカ思想一辺倒の陰で悪しきものとされ失われつつあった日本の伝統や思想を、東洋思想をベースに存続させ、有用な人士に伝えようと勉強会を開催していたが、机上の學問だけではダメで、実生活で活用できる統計学を、余生をかけて研究していたのだという。
　その信念を引き継ぎ、私の個性運命學も、人の幸福を実生活で追求するものでなくてはならない。安岡先生に見られているような気持ちになり、いつになく背筋を伸ばして、Cさんの紐解きを行った。

　しかし、紐解きの結果は、少し不可解なものだった。
　死を直前に控えた人の鑑定を行うのは初めてだが、12年先まで紐解いた結果は、ふつうの健康な人とまったく同じ。Cさんはその時、冬の季節だったが、数年後に春が来て、夏が来て、というものだった。
　その結果を、戸惑いながらも、そのままCさんに伝えた。
　Cさんは、私の話に頷きながら、「ありがとう、ありがとう」と何度も繰り返し、私の手を握って、涙を流していた。
　横で聞いていた娘さんも、目頭を押さえつつ、うんうんと頷きながら、話を聞いていた。おそらく、死を迎える者に、私が慰めの方便を伝えているのだと思ったことだろう。しかし私の報告は、紐解きによって導き出された、そのままを伝えたのだったが…。

　翌週、C氏は亡くなられた。
　結果的に、私の紐解きは、いわゆる「外れた」ことになるのか。
　それとも、運命は、人の生死を超えて存在するものなのか？　肉体を失っても、なにかが命を運んで行くのか？
　私は、まだ死んだ経験はないし、死んだ人と話したこともない。
　だから結論は、私にはわからない。

日本の神様ご紹介

天照大御神
あまてらすおおみかみ

[別名] 天照大神、大日孁貴(おおひるめのむち)など
[神格] 皇祖神、日本人の総氏神
[宮] 正宮・内宮
[性別] 女

天を照らす神、を意味する名の通り、アマテラスは太陽にたとえられる女神。神様が暮らす高天原を照らし、八百万の神々の中でも最高位であることから「日本人の総氏神」ともいわれ、皇室の祖神としても崇められています。太陽はあらゆるもののエネルギーの源であることから、アマテラスの神徳は、すべての生とし生けるものへ命を与える神であると考えられています。

[神話]
天岩戸伝説

弟のスサノオが暴れたため、アマテラスは怒って天岩戸（洞窟）に引きこもってしまいます。太陽の神が隠れてしまったため、高天原も地上も真っ暗闇に包まれてしまいます。八百万の神々は、なんとかアマテラスの関心を引こうと、岩戸の外で歌って踊って大笑い。外が気になって戸を開けた天照大御神を引っ張り出し、天と地にふたたび明るい世界が戻りました。

豊受大御神
とようけおおみかみ

[別名] 豊宇気毘売神(とようけびめのかみ)、豊受比売神(とようけびめのかみ)など
[神格] 食物神、穀霊神
[宮] 正宮・外宮
[性別] 女

名前のトヨは豊かさ、ウケは食べ物のことを示します。イザナミから生まれた穀物の神、和久産巣日神(わくむすひのかみ)の娘で、食事の他、農業、漁業や、衣食住に関わる諸産業の守護神とされています。

[神話]
天女の羽衣伝説

むかし、丹後の国で水浴びをしていた天女が、羽衣を盗られて天に帰れなくなり、老夫婦に助けられました。天女はお礼にお酒の作り方を教え、老夫婦は大金持ちになります。この天女がトヨウケだったという説があります。

伊弉諾尊と伊弉冉尊
いざなぎのみこと　いざなみのみこと

[別名] 伊邪那岐命、伊邪那美命
　　　　いざなぎのみこと　いざなみのみこと
[神格] 結婚の神、創造神
[宮]　 月讀の宮
[性別] 男、女

誘（いざな）という、互いに誘いあう意味を持つ名前のイザナギとイザナミは夫婦神。神でありながら結婚、出産、決別、死などを体験する、人間のような性格を持ち合わせています。この二神は国や他の神々を生み出し、陰陽の原理も体現するとされています。

[神話]
神々の誕生

黄泉の国から逃げ帰ったイザナギが、穢れた体を清めるため、筑紫の阿波岐原の海で禊祓いをします。禊の間に数々の神様が生まれ、最後に左目を洗うと天照大御神、右目を洗うと月讀尊、鼻を洗うと建速素盞嗚尊が誕生。
ツキヨミは夜の世界、スサノオは海原、アマテラスは高天原を治めるよう命じられました。

月讀尊
つきよみのみこと

[別名] 月読尊、月弓尊など
　　　　つくよみのみこと　つくゆみのみこと
[神格] 海の神、占いの神
[宮]　 月讀の宮
[性別] 男

イザナギの右目から誕生したツキヨミは、アマテラスの弟。月を読む、つまり暦を司ることを意味し、農業と海の守護神とされました。太陽の神アマテラスに対し、ツキヨミは夜を治める月の神。月は死と再生を意味することから、生命の源である若返りをもたらすとされています。

[神話]
昼と夜

アマテラスはツキヨミに、葦原中国にいる保食神（うけもちのかみ）と会ってくるよう命じました。ウケモチはツキヨミをもてなそうと、陸を向いて口から米を吐き出し、海を向いて口から魚を吐き出し、山を向いて口から獣を吐き出します。ツキヨミは「食物を吐き出すとは汚らわしい」と怒り、ウケモチを斬ってしまいました。それを聞いたアマテラスは怒り、もうツキヨミとは会いたくないと言って、太陽と月は昼と夜に別れて出るようになったそうです。

神社と神宮と大社の違い

「神社」や「神宮」、「大社」など、神社名につく称号のことを社号といいます。

日本書紀によると、当初の「神宮」は、神宮（伊勢市）、石上神宮（奈良県天理市）、出雲大神宮（出雲市）の三つのみが神宮と記されています。その後、平安時代に成立した「延喜式」において、大神宮（伊勢神宮）、鹿島神宮（茨城県鹿嶋市）、香取神宮（千葉県香取市）などの記述があらわれます。

明治以降、皇室とつながりの深い神社や、天皇を祭神としている神社にも「神宮」社号が使われるようになります。

皇室祖先神

神宮（伊勢市）、伊弉諾神宮（兵庫県淡路市）、
霧島神宮（鹿児島県霧島市）、鹿児島神宮（同）など

天皇祭祀

橿原神宮（奈良県橿原市）、宇佐神宮（大分県宇佐市）、
平安神宮（京都市左京区）、明治神宮（東京都渋谷区）など

その他

熱田神宮（名古屋市、三種の神器・草薙剣／天叢雲剣を祀る）、
日前神宮（和歌山市）など

現在は、単に「神宮」という場合は、伊勢神宮を指します。このことからも伊勢神宮がいかに特別なのか、わかりますね。

「大社」は当初、出雲大社のみを指しました。戦後は、旧官幣大社格の神社の多くが大社を名乗りました。熊野大社や日吉大社、春日大社などがそうですね。

神社の種類

神明(しんめい)神社

［祭神］　天照大御神
［神使］　鶏
［関連神社数］　約4500社
［総本社］　神宮内宮（三重県伊勢市）

太陽の神様であるアマテラスを祀ることから、農耕儀礼に深い関係があります。伊勢信仰とともに全国へ広がり、神明社、皇大神社、天祖神社とも呼ばれます。

稲荷(いなり)神社

［祭神］　稲荷大神
［神使］　狐
［関連神社数］　約3000社
［総本宮］　伏見稲荷大社（京都市伏見区）

稲荷とは、稲を保管することで、やがて商売、産業の神様となり、全国で広く信仰されています。

八幡(はちまん)神社

［祭神］　八幡大神(やわたのおおかみ)（応神天皇）
［神使］　鳩
［関連神社数］　約8000社
［総本社］　宇佐神宮（大分県宇佐市）

応神天皇の神霊が八幡大神。清和源氏が氏神として崇敬し、武家の守護神として全国に勧請されています。

熊野神社

［祭神］　熊野権現
［神使］　烏
［関連神社数］　約2500社
［熊野三山］　熊野本宮大社、熊野速玉大社、熊野那智大社（和歌山県）

熊野三山の神様を勧請した神社です。神武天皇を大和橿原まで案内した八咫烏(やた)が有名です。

天満宮(てんまんぐう)

［祭神］　菅原道真
［神使］　牛
［関連神社数］　約4000社
［発祥の地］　北野天満宮（京都市上京区）、太宰府天満宮（福岡県太宰府）

学問の神様として有名な菅原道真を祀る神社です。合格祈願で、多くの学生さんで賑わいます。

諏訪(すわ)神社

［祭神］　建御名方神(たけみなかたのかみ)、八坂刀売神(やさかとめのかみ)
［神使］　鳩
［関連神社数］　約2500社
［熊野三山］　諏訪大社（長野県諏訪湖周辺）

建御名方神は、出雲系の神で、大国主命(おおくにぬしのみこと)の次男です。国譲りの際、武甕槌神と力比べをして負け、信濃の諏訪の海に逃れ、ここから出ないと誓いました。武勇、農耕と幅広い神格を有しています。

十二神の割り出し方。

特許取得済
割り出し方法システムのことです

あなたの生年月日から自分を司る
"神"を見つけましょう。

---

1 | 「生年月数早見表」から自分の生年月数を探す

P168からの「生年月数早見表」から、自分の
『生まれた年』と『生まれた月』が重なる数字を探します。
たとえば、1965年5月2日生まれの人は『51』になります。

2 | ①で探し出した生年月数に『生まれた日』を足して【運命数】を見つける

自分の『生まれた年』と『月』の数字を探し出しその数字に
『生まれた日』を足しましょう。たとえば、1965年5月2日生まれの人は
『51』なので、そこに『生まれた日』の『2』を足した『53』が【運命数】です。

なお、足した数字の合計が『60』を超えた場合は、
その数字から『60』を引きましょう。
たとえば、1970年4月22日生まれの人の生年月数は『47』なので、
生まれた日の『22』を足すと合計が『69』となり『60』を超えるので
『69』から『60』を引いた『9』がその人の【運命数】です。

3 │ ②で見つけた【運命数】から「六神」を探しましょう

見つけた【運命数】がどこの六神に該当するのか探しましょう。たとえば、1966年8月5日生まれの人の運命数は『33』なので、六神は二の神です。

運命数	あなたの六神
1～10	五の神
11～20	四の神
21～30	三の神
31～40	二の神
41～50	一の神
51～60	六の神

4 │ 生まれた年からあなたを司る「十二神」を見つけましょう

生まれた年（西暦）が偶数年か奇数年かで、十二神がわかります。
たとえば、1966年8月5日生まれの人の六神は二の神で、
生まれた年が偶数年なので、十二神は「雲」です。

| 運命数 | 十二神 | |
	偶数年	奇数年
五の神	海	地
四の神	風	星
三の神	火	日の入り
二の神	雲	虹
一の神	日の出	宝
六の神	雪	オーロラ

[生年月数早見表]

西暦	和歴	十二支	1月	2月	3月	4月	5月	6月	7月	8月	9月	10月	11月	12月
1920	大正9年	申	54	25	54	25	55	26	56	27	58	28	59	29
1921	大正10年	酉	0	31	59	30	0	31	1	32	3	33	4	34
1922	大正11年	戌	5	36	4	35	5	36	6	37	8	38	9	39
1923	大正12年	亥	10	41	9	40	10	41	11	42	13	43	14	44
1924	大正13年	子	15	46	15	46	16	47	17	48	19	49	20	50
1925	大正14年	丑	21	52	20	51	21	52	22	53	24	54	25	55
1926	昭和1年	寅	26	57	25	56	26	57	27	58	29	59	30	0
1927	昭和2年	卯	31	2	30	1	31	2	32	3	34	4	35	5
1928	昭和3年	辰	36	7	36	7	37	8	38	9	40	10	41	11
1929	昭和4年	巳	42	13	41	12	42	13	43	14	45	15	46	16
1930	昭和5年	午	47	18	46	17	47	18	48	19	50	20	51	21
1931	昭和6年	未	52	23	51	22	52	23	53	24	55	25	56	26
1932	昭和7年	申	57	28	57	28	58	29	59	30	1	31	2	32
1933	昭和8年	酉	3	34	2	33	3	34	4	35	6	36	7	37
1934	昭和9年	戌	8	39	7	38	8	39	9	40	11	41	12	42
1935	昭和10年	亥	13	44	12	43	13	44	14	45	16	46	17	47
1936	昭和11年	子	18	49	18	49	19	50	20	51	22	52	23	53
1937	昭和12年	丑	24	55	23	54	24	55	25	56	27	57	28	58
1938	昭和13年	寅	29	0	28	59	29	0	30	1	32	2	33	3
1939	昭和14年	卯	34	5	33	4	34	5	35	6	37	7	38	8
1940	昭和15年	辰	39	10	39	10	40	11	41	12	43	13	44	14

西暦	和暦	十二支	1月	2月	3月	4月	5月	6月	7月	8月	9月	10月	11月	12月
1941	昭和16年	巳	45	16	44	15	45	16	46	17	48	18	49	19
1942	昭和17年	午	50	21	49	20	50	21	51	22	53	23	54	24
1943	昭和18年	未	55	26	54	25	55	26	56	27	58	28	59	29
1944	昭和19年	申	0	31	0	31	1	32	2	33	4	34	5	35
1945	昭和20年	酉	6	37	5	36	6	37	7	38	9	39	10	40
1946	昭和21年	戌	11	42	10	41	11	42	12	43	14	44	15	45
1947	昭和22年	亥	16	47	15	46	16	47	17	48	19	49	20	50
1948	昭和23年	子	21	52	21	52	22	53	23	54	25	55	26	56
1949	昭和24年	丑	27	58	26	57	27	58	28	59	30	0	31	1
1950	昭和25年	寅	32	3	31	2	32	3	33	4	35	5	36	6
1951	昭和26年	卯	37	8	36	7	37	8	38	9	40	10	41	11
1952	昭和27年	辰	42	13	42	13	43	14	44	15	46	16	47	17
1953	昭和28年	巳	48	19	47	18	48	19	49	20	51	21	52	22
1954	昭和29年	午	53	24	52	23	53	24	54	25	56	26	57	27
1955	昭和30年	未	58	29	57	28	58	29	59	30	1	31	2	32
1956	昭和31年	申	3	34	3	34	4	35	5	36	7	37	8	38
1957	昭和32年	酉	9	40	8	39	9	40	10	41	12	42	13	43
1958	昭和33年	戌	14	45	13	44	14	45	15	46	17	47	18	48
1959	昭和34年	亥	19	50	18	49	19	50	20	51	22	52	23	53
1960	昭和35年	子	24	55	24	55	25	56	26	57	28	58	29	59

西暦	和暦	十二支	1月	2月	3月	4月	5月	6月	7月	8月	9月	10月	11月	12月
1961	昭和36年	丑	30	1	29	0	30	1	31	2	33	3	34	4
1962	昭和37年	寅	35	6	34	5	35	6	36	7	38	8	39	9
1963	昭和38年	卯	40	11	39	10	40	11	41	12	43	13	44	14
1964	昭和39年	辰	45	16	45	16	46	17	47	18	49	19	50	20
1965	昭和40年	巳	51	22	50	21	51	22	52	23	54	24	55	25
1966	昭和41年	午	56	27	55	26	56	27	57	28	59	29	0	30
1967	昭和42年	未	1	32	0	31	1	32	2	33	4	34	5	35
1968	昭和43年	申	6	37	6	37	7	38	8	39	10	40	11	41
1969	昭和44年	酉	12	43	11	42	12	43	13	44	15	45	16	46
1970	昭和45年	戌	17	48	16	47	17	48	18	49	20	50	21	51
1971	昭和46年	亥	22	53	21	52	22	53	23	54	25	55	26	56
1972	昭和47年	子	27	58	27	58	28	59	29	0	31	1	32	2
1973	昭和48年	丑	33	4	32	3	33	4	34	5	36	6	37	7
1974	昭和49年	寅	38	9	37	8	38	9	39	10	41	11	42	12
1975	昭和50年	卯	43	14	42	13	43	14	44	15	46	16	47	17
1976	昭和51年	辰	48	19	48	19	49	20	50	21	52	22	53	23
1977	昭和52年	巳	54	25	53	24	54	25	55	26	57	27	58	28
1978	昭和53年	午	59	30	58	29	59	30	0	31	2	32	3	33
1979	昭和54年	未	4	35	3	34	4	35	5	36	7	37	8	38
1980	昭和55年	申	9	40	9	40	10	41	11	42	13	43	14	44

西暦	和暦	十二支	1月	2月	3月	4月	5月	6月	7月	8月	9月	10月	11月	12月
1981	昭和56年	酉	15	46	14	45	15	46	16	47	18	48	19	49
1982	昭和57年	戌	20	51	19	50	20	51	21	52	23	53	24	54
1983	昭和58年	亥	25	56	24	55	25	56	26	57	28	58	29	59
1984	昭和59年	子	30	1	30	1	31	2	32	3	34	4	35	5
1985	昭和60年	丑	36	7	35	6	36	7	37	8	39	9	40	10
1986	昭和61年	寅	41	12	40	11	41	12	42	13	44	14	45	15
1987	昭和62年	卯	46	17	45	16	46	17	47	18	49	19	50	20
1988	昭和63年	辰	51	22	51	22	52	23	53	24	55	25	56	26
1989	平成1年	巳	57	28	56	27	57	28	58	29	0	30	1	31
1990	平成2年	午	2	33	1	32	2	33	3	34	5	35	6	36
1991	平成3年	未	7	38	6	37	7	38	8	39	10	40	11	41
1992	平成4年	申	12	43	12	43	13	44	14	45	16	46	17	47
1993	平成5年	酉	18	49	17	48	18	49	19	50	21	51	22	52
1994	平成6年	戌	23	54	22	53	23	54	24	55	26	56	27	57
1995	平成7年	亥	28	59	27	58	28	59	29	0	31	1	32	2
1996	平成8年	子	33	4	33	4	34	5	35	6	37	7	38	8
1997	平成9年	丑	39	10	38	9	39	10	40	11	42	12	43	13
1998	平成10年	寅	44	15	43	14	44	15	45	16	47	17	48	18
1999	平成11年	卯	49	20	48	19	49	20	50	21	52	22	53	23
2000	平成12年	辰	54	25	54	25	55	26	56	27	58	28	59	29

西暦	和歴	十二支	1月	2月	3月	4月	5月	6月	7月	8月	9月	10月	11月	12月
2001	平成13年	巳	0	31	59	30	0	31	1	32	3	33	4	34
2002	平成14年	午	5	36	4	35	5	36	6	37	8	38	9	39
2003	平成15年	未	10	41	9	40	10	41	11	42	13	43	14	44
2004	平成16年	申	15	46	15	46	16	47	17	48	19	49	20	50
2005	平成17年	酉	21	52	20	51	21	52	22	53	24	54	25	55
2006	平成18年	戌	26	57	25	56	26	57	27	58	29	59	30	0
2007	平成19年	亥	31	2	30	1	31	2	32	3	34	4	35	5
2008	平成20年	子	36	7	36	7	37	8	38	9	40	10	41	11
2009	平成21年	丑	42	13	41	12	42	13	43	14	45	15	46	16
2010	平成22年	寅	47	18	46	17	47	18	48	19	50	20	51	21
2011	平成23年	卯	52	23	51	22	52	23	53	24	55	25	56	26
2012	平成24年	辰	57	28	57	28	58	29	59	30	1	31	2	32
2013	平成25年	巳	3	34	2	33	3	34	4	35	6	36	7	37
2014	平成26年	午	8	39	7	38	8	39	9	40	11	41	12	42
2015	平成27年	未	13	44	12	43	13	44	14	45	16	46	17	47
2016	平成28年	申	18	49	18	49	19	50	20	51	22	52	23	53
2017	平成29年	酉	24	55	23	54	24	55	25	56	27	57	28	58
2018	平成30年	戌	29	0	28	59	29	0	30	1	32	2	33	3
2019	平成31年	亥	34	5	33	4	34	5	35	6	37	7	38	8
2020	平成32年	子	39	10	39	10	40	11	41	12	43	13	44	14

十二神

おわりに

　本当の自分、あなたらしさを知って、より軽やかに生きていっていただきたいというのが、私がこの本でいちばん伝えたかったことです。

　人にはそれぞれ「自分の成幸法則」があります。そして、それを手に入れるためのカギになるのが「個性運命學」という學問です。
　よく「一度きりの人生」と言いますが、それならば、持って生まれた「個性」にあわせて、自分らしく幸せになったほうがいい。人から言われたものではなく、自分を知って、その「個性」を最大限に生かして、チャンスをつかんでほしいと思います。

　年を重ねても「自分のことがいちばんわからない」のが人というもので、他人のことはよくわかりますよね。「ああすればいいのに」「そういう仕事じゃなくて、このほうが向いてるのに…」と、それこそ紐解き師でなくてもアドバイスはできます。
　でも、それは學問ではなく主観なので、結局うまくいかない。自分のことを知るためには、学ぶことが必要で、それによって「個性」だけなく「バイオリズム」もわかり、人生において、乗るべき波に乗るタイミングが見えてくるのです。

　ただし、本書でも何度も書いているように、自分を知るということは痛みを伴います。他人から傷つけられるよりも、自分の弱さや短所に向き合う痛みのほうが、比べものにならないくらい大きいですから。
　けれど、それを味わったことで、人としての幅が広がるのもまた事実です。だから逃げずに自分と向き合い、その時は痛みを抱えたとしても、未来にある大きなプレジャーを手に入れてほしいと思います。
　そして、そのサポートをするのが紐解き師の役目です。
　いざ鑑定を始める時、その方の生年月日を書いた鑑定表を前にすると、私にはその方の成功する姿が立ち上がって見えてきます。それを伝えてあげたいし、少しでも私が見ているものを実現してもらいたいと思っているのです。

　どんなに孤独で不幸な星の下に生まれても、その人にぴったりな成功の方法はある、というのが私の持論。けれど、それを実践するかしない

かは本人次第です。
　誤解を恐れずに言うなら、私の紐解きを受けた人は、上がるか下がるかのどちらかです。
　運気が上がっているのに、気持ちは下がっているように感じることがあります。これは、実際の流れはいい方向へ向かっているのに、痛みと向き合っているから心が辛くて、感情に引っ張られてしまい、運気まで衰退しているのではないかと、勘違いしてしまうことがあるから。
　その逆に、「今、運気がいいんだ！」と気持ちは上がっても、自己流で進んでしまうと、やがてバイオリズムが変わったとき、運気も下がっているということも多いのです。

　本書では、私の「個性運命學」の根幹である十二神などをご紹介しました。しかし、私の「個性運命學」はもっと多岐に及び、とても本書一冊ではお伝えきれません。ですから、本当に成功したい方は、ぜひ私の紐解きを受けにいらしてください。全力であなたの成功をお手伝いします。

　「個性」を知って「運命」を創造するために必要なのは、
　①生年月日　②筆記用具　③受け入れる心　の3つだけ。

　さぁ、あなたはどんな人生を選びますか？

　最後になりましたが、これまで私と出会ってくださったすべての方々へ、心より感謝を申し上げます。
　また、今回の出版にあたり多大なるご尽力をいただきましたユキさん、アンディ、モチョ、上石さん、そしてこれから私に出会っていただくすべての方々にも、謹んで感謝いたします。

　　　　　　　　　　　　　　　　　　　　　　　　　星　里　奏

紐解き師　星里奏（セリカ／Celica）

伊勢神宮、内宮別宮・伊雑宮（いざわのみや）の神官を代々務めた家系に生まれる。6歳のとき父親と死別。祖父母や親類に育てられ、伊雑宮に伝わる教えを学ぶ。幼い頃より、世界の構造や宇宙のしくみ、人の精神や心理、哲学や思想、宗教や自然科学に興味を持ち、周りの大人たちから「変人」と呼ばれる。神宮の社家などに代々伝わる、謎の古文書や図書を解読、解釈して読み進めることで、神勅を得て、運命鑑定師を使命とする。多くの占い師や鑑定師に学び、自身が紐解き師として独立。統計学の普及を目指し、統計学関連の協会役職を歴任。

さまざまな占術、心理学、脳科学、成功法則、メンタルトレーニング、考古学、統計学、接遇講座、創造知能プログラムを取り入れ、カウンセリング、コーチング経験を積み、独自の學問「個性運命學」を構築する。

1万5千人の鑑定実績がある。「運命の鑑定師」として、星里奏の紐解きファンは数千人を数える。個人、企業、団体、チームなど、数多くの依頼人が、自分を知り、他者を知り、勝機を知るために、あらゆる機会に星里奏の紐解き（個性運命學）を活用することで、夢の実現や目標達成、事業繁栄、健康の獲得、人間関係の改善などの成功を勝ち取っている。
2015年一般社団法人 Astrology Bio-Rhythm Deciphered 協会を設立し理事長就任。
ABD個性運命學：紐解き師家元。

［オフィシャルサイト］　https://abdjapan.com

成功者だけが知っていた運命の「紐解き」

2017年9月27日　初版第一刷発行
2024年11月28日　初版第六刷発行

著者	星里奏
ブックデザイン	小口翔平＋喜來詩織＋深澤祐樹（tobufune）
イラスト	ふわこういちろう
編集協力	益川幸子　村山聡美
編集	小宮亜里　柴田みどり
発行者	石川達也
発行所	株式会社ブックマン社
	〒101-0065 東京都千代田区西神田3-3-5
	TEL：03-3237-7777　FAX：03-5226-9599
	http://bookman.co.jp
印刷・製本	TOPPANクロレ株式会社

ISBN 978-4-89308-888-8
©Celica,BOOKMAN-SHA 2017

本書に掲載している体験談・感想は、個人・関係者・団体の了解を得たうえで、一部設定を変更し、紹介しています。通常は本人の同意・了承なく、掲載・開示は一切致しません。掲載している個人に関するご質問、お問い合わせ等には一切応じかねます。ご了承ください。
定価はカバーに表示してあります。乱丁・落丁本はお取り替えいたします。
本書の一部あるいは全部を無断で複写複製及び転載することは、法律で認められた場合を除き著作権の侵害となります。